ARSÈNE HOUSSAYE

LE CHIEN PERDU

ET LA

FEMME FUSILLÉE

TOME I

LES ABIMES

PARIS
E. DENTU, LIBRAIRE-ÉDITEUR
PALAIS-ROYAL, 17 ET 19, GALERIE D'ORLÉANS

1872
Tous droits réservés.

ARSÈNE HOUSSAYE

LE
CHIEN PERDU

ET LA

FEMME FUSILLÉE

TOME II

LES ABIMES

PARIS
E. DENTU, LIBRAIRE-ÉDITEUR
PALAIS-ROYAL, 17 ET 19, GALERIE D'ORLÉANS

1872
Tous droits réservés.

LE CHIEN PERDU

ET

LA FEMME FUSILLÉE

II

ARSÈNE HOUSSAYE

LES GRANDES DAMES

MONSIEUR DON JUAN. — MADAME VÉNUS. — LES PÉCHERESSES BLONDES
UNE TRAGÉDIE A EMS.

LES PARISIENNES

LA FEMME QUI FRAPPE. — MADEMOISELLE PHRYNÉ. — LES FEMMES ADULTÈRES.
LES FEMMES DÉCHUES.

LES COURTISANES DU MONDE

MESSALINE BLONDE. — LES AVENTURES DE VIOLETTE. — LES FEMMES
DÉMASQUÉES. — COMMENT FINISSENT LES PASSIONS.

10e édition. — 12 vol. in-8° cavalier, avec portraits et gravures, 60 fr.

HISTOIRE DU 41e FAUTEUIL DE L'ACADÉMIE

DEPUIS MOLIÈRE JUSQU'A BÉRANGER

7e édition. — Portraits. — 1 vol. in-8° cavalier.

MADEMOISELLE DE LA VALLIÈRE

ÉTUDES HISTORIQUES SUR LA COUR DE LOUIS XIV.

5e édition. — Portraits. — 1 vol. in-8° cavalier.

LE ROI VOLTAIRE

5e édition. — Gravures. — 1 vol. in-8° cavalier.

VOYAGE A MA FENÊTRE

1 vol. in-8° cavalier. — 5e édition. — Gravures de Johannot.

NOTRE-DAME DE THERMIDOR

Nouvelle édition. — 1 vol. in-8° cavalier. — Portraits.

HISTOIRE DE LÉONARD DE VINCI

1 vol. in-8°. — Portraits.

MADEMOISELLE CLÉOPATRE

8e édition. — 1 vol. grand in-8°.

PRINCESSE DE COMÉDIE ET DÉESSE D'OPÉRA

1 vol. in-8° cavalier. — 10e édition. Gravures de Flameng.

HISTOIRE DES PEINTRES FLAMANDS

1 vol. in-folio, illustré de 100 magnifiques gravures.

POÉSIES COMPLÈTES

8e édition. — 1 volume in-8°. — Gravures.

IMPRIMERIE TOINON ET Cie, A SAINT-GERMAIN.

ARSÈNE HOUSSAYE

LE
CHIEN PERDU
ET LA
FEMME FUSILLÉE

TOME II

LES ABIMES

PARIS
E. DENTU, LIBRAIRE-ÉDITEUR
PALAIS-ROYAL, 17 ET 19, GALERIE D'ORLÉANS

1872

Tous droits réservés.

LE CHIEN PERDU
ET
LA FEMME FUSILLÉE

LIVRE III

*THERMIDOR A LA RECHERCHE
DE CŒUR-DE-LION*

I.

COMMENT UNE INSURGÉE SE CACHAIT SOUS L'HABIT
D'UNE SŒUR DE CHARITÉ.

> Dieu ne s'y trompera pas.
> NINON DE LENCLOS.

e dimanche, à sept heures, pendant l'agonie de l'insurrection, je dînais au parc Monceau, dans un des hôtels avoisinant l'ancien pavillon d'Orléans et la maison hollandaise de Nieuwerkerke. Naturellement le dîner fut grave et triste. Le

canon grondait encore au Père-Lachaise. On raconta qu'on avait dans le parc même fusillé les *communeux* pris les armes à la main à la place où, soixante-dix-sept ans plus tôt, on enterrait les révolutionnaires de haute volée, Danton, Camille, d'Églantine, et bientôt après, Robespierre, Saint-Just, Couthon, tous les vaincus de thermidor.

On eut beau vouloir élever la conversation dans des régions pacifiques, on était tout à cette épouvantable tragédie des frères ennemis.

Le maître de la maison esquissait un tableau de la république des États-Unis, pour nous montrer l'horizon espéré; mais comme il s'interrompait lui-même, ses convives ouvraient des parenthèses pour raconter, d'une voix brève, à phrases coupées, ce qu'ils avaient vu dans la semaine.

Il semblait que l'on jouât à l'horrible; celui-ci avait vu un spectacle plus effrayant que celui-là. On se laissait emporter par sa passion; ce n'était pas assez de l'odieuse réalité, plus d'un s'évertuait encore à représenter les scènes de l'insurrection avec plus d'imagination que de vérité. Il est si difficile d'ailleurs de contenir l'histoire dans ses limites, surtout quand l'histoire a la fièvre.

On dîna vite ; quand on servit le café on parla des absents ; le beau Paris était encore désert ; ma voisine m'apprit pourtant qu'une jeune dame qu'elle appelait son ennemie, parce qu'elle avait été trop son amie, était restée dans un hôtel du parc pendant le siége, non pas précisément par curiosité, mais parce qu'elle n'avait pas eu le courage de quitter une seconde fois Paris où elle était revenue depuis le premier siége. D'ailleurs la fièvre miliaire la retenait alors dans son lit.

C'était Violette, la duchesse de Parisis.

Je pris mon chapeau et je courus chez elle.

On sait déjà qu'elle habitait l'hôtel de la Messaline blonde, rue de Murillo, à quelques maisons de l'hôtel où j'avais dîné.

Je sonnai deux fois. J'allais sonner une troisième fois, quand une fenêtre s'ouvrit pour m'avertir qu'on n'ouvrait pas la porte. On était encore sous la terreur des derniers jours.

Je hasardai mon nom. Après une minute de conciliabule, on se décida à m'ouvrir.

— Comment va-t-elle ? demandai-je à une femme de chambre qui me reconnaissait.

— Pas trop mal, mais des syncopes, des vertiges, des emportements ; madame veut voir monsieur, mais il ne faut pas rester longtemps avec elle.

— Que dit le médecin ?

— Le médecin, il n'est pas venu aujourd'hui ni hier.

J'étais au premier étage, j'allais monter plus haut, mais la femme de chambre m'arrêta en me disant que dans la peur des obus de Montmartre, on avait descendu le lit de la duchesse dans son petit salon qui prenait jour sur le parc et qui était plus ou moins abrité des batteries des communeux par deux salons et une galerie.

Sur le seuil de la porte, je me heurtai presque à une sœur de charité.

Devant le lit, j'en rencontrai une autre ; je jugeai que décidément la dame était fort malade.

Violette me fit signe de m'asseoir et me donna la main.

— Prenez garde, me dit-elle en souriant, j'ai une fièvre de cheval.

Et elle se mit à parler fort vite de toutes choses. On eût dit tout à la fois une lecture du journal de Rochefort et du journal de Henry de Pène, les deux seules gazettes qui fussent venues jusqu'à elle depuis longtemps.

Elle me dit beaucoup de mal des Parisiens, mais elle me dit beaucoup de mal des Versaillais. Elle me demanda pourquoi je n'étais pas resté chez moi.

— Par une raison bien simple, lui dis-je, c'est que la Commune était chez moi.

Mes regards se promenaient vaguement partout; ils rencontrèrent à cet instant les yeux de la sœur de charité que j'avais heurtée sur le seuil.

Je vis qu'elle tressaillait.

Je remarquai alors, dans la demi-lumière, sa beauté et sa pâleur. Il semblait qu'elle fût plus malade que la malade elle-même.

Elle venait vers le lit d'un pas nonchalant comme si elle eût quelque peine à marcher.

Sans doute elle s'aperçut que je la regardais trop, car elle détourna la tête.

Elle apportait à la duchesse une coupe de limonade glacée.

— J'ai l'enfer dans le corps, dit Violette, je voudrais boire les chutes du Niagara; je voudrais prendre un bain dans les mers de glace. J'ai rêvé toute cette nuit que j'étais au haut des Alpes et qu'il neigeait sur moi : vous ne vous imaginez pas comme j'étais heureuse.

Elle trempa ses lèvres dans la coupe et huma un peu de glace avec délices.

— Figurez-vous, reprit-elle, que mon médecin ne reparaît pas ; sans doute, il a fort à faire avec les blessés. C'est un homme qui ne demande pas un certificat pour sauver les gens. Il m'a donné une de ces deux femmes angéliques qui sont avec moi jour et nuit.

La duchesse regarda d'un œil caressant la sœur de charité qui lui avait apporté la coupe.

— Tenez, celle-ci n'est ici que depuis peu de jours ; je l'aime comme une amie de tous les temps. Vous me connaissez, j'adore la beauté partout où elle se trouve. Je suis touchée jusqu'au cœur de voir une si belle créature se sacrifier ainsi dans la charité divine. La plupart des femmes ne se donnent à Dieu que lorsqu'elles ne peuvent plus faire de coquetterie aux hommes; c'est Dieu qui fait un sacrifice s'il leur octroie sa miséricorde. Mais quand lui vient, dans la virginité du cœur, dans l'aube de la beauté, une jeune fille comme celle-ci, c'est une vraie fête au ciel.

— Chut ! ma sœur, dit la religieuse en agitant

la main comme pour apaiser l'agitation de la malade, ne brouillons pas le ciel avec la terre; vous êtes une très-mauvaise catholique, mais j'espère bien vous convertir.

Le signe de main de la religieuse eut une action singulière sur Violette; elle se calma comme par enchantement; on eût dit qu'une volonté divine eût apaisé les vagues.

Sous ce magnétisme inattendu, la duchesse ferma les yeux.

Bientôt elle s'assoupit, ne prononçant plus que quelques paroles entrecoupées de soupirs.

Je regardai tour à tour les deux femmes sans bien comprendre l'action de l'une sur l'autre.

La religieuse resta debout et immobile au chevet du lit. C'était la statue du silence et de la douceur.

D'où vient pourtant que son grand œil noir disait tant de choses éloquentes?

— En vérité, pensai-je, si je ne voyais sa croix d'ébène et son chapelet de buis, je croirais que j'ai sous les yeux une profane plutôt qu'une sainte; ce long corps penché, ce roseau pensant, semble avoir été ployé par la passion; l'expression de ce visage révèle je ne sais quelles inquiétudes qui ne viennent pas de la contemplation en Dieu.

— Elle dort, dit la religieuse, qui venait de se pencher sur Violette.

— Je reviendrai la voir, murmurai-je en me levant.

Je saluai la religieuse.

Elle s'avança vers la porte et souleva la portière en me saluant elle-même.

Le petit salon de la duchesse de Parisis était dans le demi-jour, je n'avais donc, pour ainsi dire, qu'entrevu celle qui me conduisait; mais, en ce moment, une lampe placée sur une console du salon voisin vint frapper d'une vive lumière la figure de la religieuse.

Ce fut comme une révélation.

— Angéline, dis-je à mi-voix.

Elle prit un grand air innocent, mais je vis bien qu'elle dissimulait son expression habituelle.

— Je ne suis point Angéline, murmura-t-elle en laissant tomber la portière entre elle et moi.

Mais je relevai la portière et je lui saisis la main pour la retenir.

Je l'entraînai dans le salon devant la lampe.

— C'est vous, lui dis-je doucement.

Quoiqu'elle fût habituée au mensonge, elle se laissa aller à la vérité.

— Oui, c'est moi, dit-elle. Pas un mot, de grâce !

— Je vous croyais à Londres avec Cora Pearl.

— J'y suis allée, mais je suis revenue à Paris trop tôt.

Un sentiment inexprimable de souffrance parut sur la figure d'Angéline. Elle porta la main à son cœur.

— En vérité, repris-je, vous êtes plus malade que la duchesse.

— Non, dit-elle en essayant un sourire, mais en s'appuyant sur la console.

— Pourquoi êtes-vous si pâle ?

Elle me regarda fixement et elle me répondit d'un air mystérieux :

— Parce que j'ai été fusillée.

II.

LA PASSION.

> Vivre pour la mort, mourir pour la vie. C'est le cri de la passion.
>
> DIDEROT.

> J'ai vu par delà le tombeau. Aussi je ne vis plus : je rêve. La mort a aussi ses songes.
>
> GŒTHE.

Elle avait été fusillée !

Jamais je ne m'étais trouvé dans une action plus émouvante.

Je repris la main de l'Amazone :

— Vous avez été fusillée ?

— Chut ! me dit-elle en appuyant l'index sur la bouche.

L'autre religieuse venait d'entrer par la porte opposée. Elle parut surprise de me voir en conversation avec celle qu'on appelait la sœur Sainte-Marguerite. Elle vint vers nous, comme pour savoir ce que nous disions.

Nous nous tûmes. La religieuse entraîna Angéline Duportail.

Je retournai vers la duchesse.

— Mon ami, me dit Mme de Parisis, voulez-vous venir dîner demain avec moi ? Cela me forcera d'aller mieux si j'ai un second convive. J'ai déjà votre ami Montjoyeux,

— Oui, lui dis-je, mais contez-moi aujourd'hui pourquoi vous avez deux sœurs de charité ?

La duchesse me regarda fixement.

— C'est tout simple : l'une pour le jour, l'autre pour la nuit.

Et comme elle devinait ma curiosité :

— Adieu, mon ami... A demain...

Le lendemain, à la même heure, j'étais chez la duchesse de Parisis.

— Mon ami, me dit-elle, vous allez monter dans ma petite galerie. J'ai acheté un portrait de Reynolds qui me ressemble, et une petite bacchante de Fortuny qui ne ressemble à rien. Voyez cela et dites-moi si on m'a trompée ? J'ai aussi une figure charmante de Madrazzo, une vraie Chimène d'Andalousie. Allez faire sa connaissance.

La femme fusillée était là.

— Ma sœur, lui dit la duchesse, vous allez vous

coucher, car je vois bien que vous ne pouvez plus vous tenir debout.

Angéline Duportail sortit en même temps que moi.

Nous rencontrâmes la vraie sœur de charité.

— Ma sœur, lui dit Angéline Duportail, veillez la duchesse. Moi, je meurs de sommeil, je vais me jeter une heure sur un lit. Si la duchesse me demande, vous me réveillerez.

— Ma pauvre enfant, j'espère que vous pourrez dormir cette nuit, à moins qu'on ne fasse encore du bruit dans le quartier.

Disant ces mots, la religieuse passa dans le petit salon. Donnant son bougeoir à Angéline, elle la pria de me reconduire, parce que les domestiques étaient dans le sous-sol.

— Je ne m'en vais pas, dis-je à la religieuse. Je monte pour voir les tableaux de la duchesse.

Angéline me précéda dans le premier salon.

— Dites-moi bien vite, lui dis-je, cette histoire impossible.

— Si impossible, que je n'y crois pas. Il me semble toujours que je vais me réveiller d'un horrible songe. Mais malheureusement tout cela est vrai. Je suis vouée à la mort et je n'y échapperai pas.

— On vous a donc prise sur une barricade?

— Oui, sur une barricade.

— Vous!

Je la regardais, de plus en plus surpris.

— Je n'ai pas le temps, reprit-elle, de tout vous dire aujourd'hui, mais puisque nous sommes seuls, je vais vous conter ceci en quatre mots.

Quoique je fusse bien curieux de connaître cette histoire, je lui dis que j'aimais mieux revenir, parce que je ne voulais pas qu'elle restât plus longtemps sans se coucher.

— Oui, je vais me coucher, mais vous allez venir avec moi; cela me fera du bien de vous voir; d'ailleurs, vous m'aiderez à monter l'escalier, car je suis à bout de forces.

Un peu plus elle se fût évanouie. Elle s'appuya sur moi et nous montâmes.

— Prenez garde, me dit-elle, car j'ai deux blessures.

— Mais comment pouvez-vous vous tenir debout?

— Je vais mieux depuis trois jours. Et puis vous connaissez bien le proverbe arabe : « Il y a quelque chose de plus fort que l'acier, c'est la volonté d'une femme amoureuse. »

— Vous êtes donc amoureuse ?

— Cela ne vous regarde pas. Montons toujours, — hâtons-nous — car je me sens mourir.

Nous arrivâmes dans une petite chambre à coucher, toute habitée déjà par vingt robes de la comtesse de Montmartel. Ces vingt robes s'ennuyaient là depuis longtemps.

— C'est, dit Angéline, une des chambres à robes de l'amie de la duchesse, la chambre aux robes de bal : on n'a pas encore eu le temps de les porter ailleurs. On m'a mis là un lit, c'est peut-être un tombeau.

Angéline n'avait pas achevé ces mots, qu'elle était déjà couchée.

— Oui, un tombeau, me dis-je en voyant sa blancheur de statue. C'est une agonie avec des sourires, mais c'est une agonie.

Je lui demandai comment elle avait eu le courage de vouloir survivre.

— Dites la lâcheté. Je voulais mourir, mais quand on sent déjà les ténèbres, on est reprise de je ne sais quel violent amour de la lumière. On perd le sentiment de sa personnalité; on n'est plus que la première créature venue; après avoir regardé la mort vaillamment en face, on se prend d'horreur pour la mort. Vous allez ne pas me croire, mais pourtant je vais vous dire la vérité : c'est par un sentiment de dignité et de pudeur que j'ai voulu dérober mon corps déjà tout souillé de sang à la curiosité des soldats et des indifférents. Ah ! si on pouvait mourir et disparaître corps et âme, à la bonne heure ! je ne me fusse pas relevée.

— Mais par quelle fantaisie êtes-vous allée sur les barricades ?

— Il faudrait lui demander cela, à lui.

— Qui lui ?

— Ne croyez-vous pas que je vais vous dire son nom ? sachez seulement qu'il s'est bien battu, et que s'il est mort, ce n'est pas faute d'héroïsme. Ce n'est pas non plus faute de faire mordre la poussière à beaucoup de ses ennemis.

— Mais, en vérité, on dirait à votre manière de parler que ses ennemis étaient les vôtres.

— Oui, certes, reprit Angéline en s'animant, lui c'était moi, et moi c'était lui.

— Comment pouvez-vous parler ainsi ? vous étiez trop intelligente pour devenir fanatique. Qu'est-ce que cet affolement pour des histrions qui croyaient jouer une pièce à grand spectacle, des fantoches qui sont devenus sanguinaires, parce qu'ils étaient confus de leur impuissance ?

— Pas si histrions, pas si fantoches que cela ; je vous abandonne presque tous les membres de la Commune, mais sachez bien que parmi ces cent mille combattants il y avait des hommes. Plût à Dieu que ceux qui sont à Versailles, aient un peu de leur virilité, de leur héroïsme, de leur diable au corps.

— Je vous assure que Versailles n'a pas besoin de se retremper à Paris. Tous les Parisiens qui avaient gardé un peu de raison, un peu de fierté et un peu de force d'âme, se tenaient cois pour ne pas être de cette orgie rouge.

— Ne faisons pas de politique, mais, croyez-moi, il y avait des hommes de bonne foi qui se battaient à Paris.

— Les étrangers peut-être, peut-être aussi quelques-uns de ces pauvres diables qui n'avaient pas d'autres moyens d'existence pour leur famille.

— Oui, les étrangers, j'en ai connu beaucoup qui se sont fait tuer quand ils pouvaient sauver leur vie. Que voulez-vous ? il y a des gens qui sont nés pour la bataille. Ils se battent comme des lions quelle que soit la cause. Ils se battraient pour le diable avec autant de fanatisme que pour le bon Dieu. Connaissez-vous Dombrowski?

— Oui, au piano; s'il a conduit ses soldats avec la même *furia* qu'en trépignant sur la gamme ascendante et descendante, il devait faire des prodiges; mais il avait de mauvais soldats.

— Pas si mauvais ! S'il ne fût pas mort trop tôt, la résistance eût étonné les généraux de Versailles; j'étais là quand il est tombé : je vous jure que jamais général n'a été plus pleuré sur le champ de bataille; je vois toujours la procession qui venait pieusement lui baiser la main.

Angéline s'exaltait encore ; je ne voulais pas trop combattre ses sentiments; elle m'eût tout simplement prié de m'aller coucher moi-même. Pour un historien des choses intimes de ce monde, c'était une trop bonne fortune de pénétrer ainsi dans un des romans de cette semaine infernale.

Je lui demandai d'un air discret si ce n'était pas Dombrowski qu'elle aimait.

— Non, dit-elle, ce n'est pas lui; mais j'étais un peu de son état-major.

— Vous étiez de l'état-major de Dombrowski?

— Oui. Si vous m'aviez vue à cheval, une belle bête

des écuries impériales que Flourens m'avait donnée ; si vous m'aviez vue avec mon costume quelque peu étrange où il y avait de l'amazone et du hussard ; si vous m'aviez vue fière et brave, bien campée, jouant du sabre et du revolver, tenant haut la tête, je crois que vous fussiez devenu, comme tout le monde, amoureux de moi.

— Eh bien ! non, je ne fusse pas devenu amoureux de vous comme tout le monde, car j'aime les femmes qui sont des femmes. C'est bien la peine, en vérité, d'être belle pour tomber dans ces mascarades. Après cela, c'est votre affaire ; je n'ai pas le courage de vous faire des remontrances, puisque vous avez été punie si cruellement.

Je pris la main d'Angéline comme pour lui donner du courage. Une expression de souffrance traversait sa figure ; elle respirait mal ; elle se soulevait à chaque instant comme si elle manquait d'air.

Je lui offris d'ouvrir la fenêtre : elle inclina la tête ; dès que la fenêtre fut ouverte, elle me dit que l'air lui faisait du bien et elle ferma les yeux à demi.

— Vous voulez dormir ? lui dis-je.

— Non, je veux que vous restiez là ; il est à

peine dix heures, vous vous en irez à minuit, quand tous les domestiques seront couchés, car je suis fâchée de vous avoir retenu ici.

— Vous savez bien que je suis monté pour voir un tableau de Fortuny et un tableau de Madrazzo. A propos, vous ne faites plus de pastel ?

— Je ne me peins même plus la figure.

Pendant quelques minutes, Angéline sommeilla. Quand elle rouvrit les yeux, elle prit sur la table de nuit un petit verre de vin de Malvoisie saupoudré de quinquina.

Je revenais alors près d'elle, après avoir vu les tableaux de la duchesse.

— Mais, comment êtes-vous ici ? lui dis-je. Et qui panse vos blessures ?

— Je suis ici par un miracle; c'est la sœur de charité qui panse mes blessures.

— Elle sait qui vous êtes ?

— Oui, mais elle seule le sait avec la duchesse. Je leur dois la vie. Je reviendrai de loin. Par reconnaissance et pour leur être agréable, je garderai l'habit de sœur de charité.

— Vous ferez bien, je ne vous ai jamais vue si belle que sous cet habit : c'est comme une transfiguration. Voyez-vous, ma chère amie, il n'y a qu'une bonne chose sur la terre, c'est le ciel. Par malheur pour eux vos gens de la Commune ne connaissaient pas Dieu.

— Oh! pour moi, c'est une vieille connaissance.

Elle baisa pieusement la croix de son chapelet.

— Et lui, croyait-il à Dieu ?

— Oui, puisqu'il m'aimait.

Je lui demandai pourquoi son amant avait continué la lutte après la mort de Dombrowski.

— Dans une pareille guerre, me répondit-elle, il n'y a pas de merci, même pour soi. D'ailleurs, ne fallait-il pas venger la mort du général? Je vous assure que tous ceux qu'il avait brûlés de sa flamme sont restés héroïques sur le champ de bataille.

— Mais l'armée s'était dispersée à la première attaque sérieuse.

— Non, elle n'a lâché pied qu'à la mort de Dombrowski. Et, sachez-le bien, tous les hommes de son état-major ont tenu bon ; ils se sont repliés sur les barricades, où chacun d'eux a vendu chèrement sa vie. Mon amant m'a entraînée à la barricade du boulevard Malesherbes. Nous espérions pouvoir tenir là longtemps ; mais là on nous a bientôt abandonnés. Nous sommes restés presque seuls. Nous avons eu l'art de faire croire que nous étions cinquante. J'oubliais, il nous était resté un gamin, aussi affolé que nous, qui voulait mourir pour la Commune, sans savoir pourquoi.

— A peu près comme vous. Sans doute ce gamin sortait de l'université de la Roquette. Vous étiez en bonne compagnie.

Combien d'enfants avaient été pris à la Roquette pour fortifier l'insurrection ! Les vrais soldats, ceux de Versailles, avouent qu'ils n'ont pas vu de meilleurs combattants. L'enfant est plus cruel que l'homme. Aucune réflexion, ni aucun sentiment n'arrêtent la mort dans ses mains. Il tue avec la gaie volupté du chasseur.

Angéline Duportail reprit d'une voix fiévreuse :

— Dans les révolutions il n'y a ni bonne ni mauvaise compagnie. Tous sont égaux devant la mort. Celui qui se bat le mieux est un aristocrate ; il n'y a de canailles que ceux qui fuient.

— Eh bien, puisque vous étiez restée seule avec votre amant et le jeune voleur, c'est que tous les autres étaient des canailles.

— Ma foi, je vous avoue que oui ; j'avais cependant confiance en eux, parce que c'étaient des chenapans qui n'avaient ni feu ni lieu, mais qui criaient : Vive la Commune ! avec enthousiasme.

— L'enthousiasme du vin bleu.

— Du vin bleu. Il n'y en avait plus. La Commune aimait le vin cacheté. Nos compagnons de la barricade avaient réquisitionné les meilleures caves du boulevard Malesherbes. C'était une orgie de grands vins, qu'on ne buvait pas dans de petits verres. Le croiriez-vous ? Tel était mon égarement et ma fièvre, que je buvais comme eux et avec eux, — à pleine gueule, selon leur expression, — tantôt au goulot de la bouteille, tantôt dans une soupière. On ne faisait pas de façon sur le service de la table.

— Puisque le vin était si bon, pourquoi les communeux vous ont-ils toujours abandonnés sur les barricades ?

— C'est que les balles tombaient comme la grêle. C'est que nous avions déjà quatre morts et trois blessés. C'est que plus d'un combattant se disait entre deux vins qu'il n'y avait plus d'espoir de salut que dans la fuite. Vers le soir, je m'apercevais qu'à chaque minute notre petite bande s'éclaircissait sous prétexte d'emporter les blessés. Les plus solides décampaient en bons apôtres. Enfin, il ne resta plus qu'un seul homme avec nous ; je ne parle pas de l'enfant. « Toi, dis-je au dernier restant, tu ne t'en iras pas comme les autres ? — Oh non ! » me répondit-il. Mais dès que je me fus retournée vers l'ennemi, il voulut décaniller. « Lâche ! » m'écriais-je. Et sans avoir bien conscience de mon action, je le tuai d'un coup de revolver. « C'est bien fait ! dit le gamin, j'allais en faire autant. »

— A la bonne heure, vous avez rendu justice à vos pareils.

— Oui, mais cela ne pouvait pas nous sauver ; les ennemis abordaient la barricade ; mon amant semblait défier toute une armée ; il était sur la barricade, il voulait mourir, mais la mort passait tout autour de lui sans vouloir l'atteindre ; d'une main il tenait le drapeau rouge, de l'autre il défiait les soldats en agitant son sabre.

Angéline Duportail s'était soulevée dans son lit comme si elle fût encore au combat.

— Le gamin, reprit-elle, tirait juste. Les premiers soldats qui se précipitèrent à l'attaque furent couchés à terre. Par malheur, le gamin trop curieux, démasquant sa tête, fut atteint et culbuté. Sans doute on s'imagina, de l'autre côté, que la barricade était rudement défendue, car il y eut un moment d'hésitation ; les officiers tinrent conseil ; je crois qu'on parla de nous prendre à revers ; mais une balle ayant frappé un sous-lieutenant en pleine poitrine, le capitaine se jeta vers la barricade, suivi des plus braves de la compagnie. Cette fois, c'en était fait. Mon amant voulut frapper, mais son sabre et son revolver lui tombèrent des mains. Je ne compris plus rien. Le capitaine lui parla à voix basse : ils semblèrent s'entendre, même sans parler. Sans doute deux amis s'étaient reconnus en face de la mort. Ils étaient beaux tous les deux, fiers et tristes, comme la fatalité. Je gravis le mur de pavés. A cet instant, un soldat impatient tira sur nous. Mon amant fut atteint. Il roula à mes pieds dans le drapeau rouge qu'il entraînait. Pas un mot, pas un adieu, le drapeau eut son dernier embrassement. Malheureux drapeau, plus rouge encore, puisqu'il était teint de son sang. Je voulus le venger. Je pensais que je n'avais plus qu'une seconde à vivre ; mais je voulais frapper : mon revolver partit, un soldat tomba. Sans doute, ma main tremblait, car la balle siffla à l'oreille du capitaine, que je ne voulais pas atteindre. Il tint son revolver sur mon sein, mais il ne tira pas. Un imperceptible sourire passa sur ses lèvres. Il fit signe à ses hommes de ne plus tirer. « C'est fini, » leur dit-il, en me saisissant la main pour me désarmer. Je ne m'expliquais pas tant de clémence. « Je ne suis pas une femme, je suis un homme, frappez ! — Je ne frappe pas une femme, » répondit-il. J'essayai de ressaisir la liberté de ma main et de mon revolver. « Oh ! pour cela, non, » reprit-il en me tordant le bras. Dans ma colère, je l'entraînai jusqu'au pied de la barricade. « Quoi ! dit-il en regardant le boulevard, vous étiez si peu de monde à cette barricade ? Oui, cet homme et cet enfant-là, » dis-je en lui montrant le colonel et le gamin couchés à nos pieds. A ce moment, un coup de feu partit; il nous fut impossible de savoir qui avait tiré. Était-ce une illusion ? Mais il me sembla que je vis remuer tout à la fois mon amant et le gamin. « On tire sur nous. Fouillez cette maison, dit le capitaine. — Ce coup de feu n'est pas parti de cette maison, dit le lieutenant, à moins qu'il ne soit parti des caves. » J'étais toujours là, immobile et fière, regrettant de n'être pas morte dans l'action, mais toujours prête à mourir.

Angéline se tut.

— Reposez-vous, lui dis-je, tout en regrettant

de ne pas savoir comment elle avait été fusillée. Mais elle éprouvait quelque plaisir à ouvrir son cœur.

— Non, dit-elle, cela me fait du bien de vous parler de cette horrible soirée.

Le capitaine dit tout à coup au lieutenant : « Prenez quatre hommes pour qu'ils me conduisent cette femme au parc Monceau. — Capitaine, lui dis-je, faites de moi ce qu'il vous plaira ; on doit me fusiller là-bas, ordonnez que ce soit ici ; mais laissez-moi embrasser une dernière fois cet homme. »

Je regardai mon amant.

Le capitaine ne me répondit pas ; il fit signe aux quatre soldats de m'emmener. Je voulus me révolter, mais les quatre soldats m'entouraient déjà. Il fallait se faire hacher ou obéir. Je sentis alors combien la femme était lâche devant la mort, car, après l'avoir vue de si près, j'étais moins effrayée de la voir à distance. C'est que je n'avais plus ni cœur ni âme. Je marchai donc, je marchai comme dans un rêve, ne sentant pas la terre sous mes pieds. Après avoir fait vingt pas, je me retournai, je vis le capitaine qui me regardait partir. Je ne m'expliquais pas pourquoi il avait été si bon pour moi ; peut-être, en effet, il n'avait pas voulu qu'on frappât une femme sous ses yeux ; peut-être me connaissait-il, ou plutôt s'il connaissait le colonel, peut-être que l'amitié ancienne rejaillissait sur moi.

Quoique Paris fût désert, comme le feu venait de cesser, quelques curieux qui se hasardaient à regarder par les fenêtres descendirent sur le boulevard pour me voir passer. La canaille du quartier fut bientôt en nombre. Une femme qu'on mène au supplice, c'est un spectacle qui vaut bien celui de l'Ambigu, surtout quand cette femme a un habit extravagant comme celui que je portais. Et d'ailleurs, pourquoi ne le dirai-je pas devant vous qui me l'avez dit si souvent ? cette femme était belle.

Angéline Duportail fut interrompue par le timbre de la cour.

— Qu'est-ce qui vient si tard ? dit-elle avec quelque inquiétude.

Elle se releva bien vite et me dit :

— Descendons, j'aime mieux être auprès de la duchesse. D'ailleurs, elle s'impatienterait de ne pas vous voir revenir. Il ne vous faut pas si longtemps pour apprécier ses tableaux.

On sonna une seconde fois.

III.

THERMIDOR ET ANGÉLINE.

> Tu ne crois pas à l'amitié ? Tu n'as donc jamais aimé un chien !
>
> JEAN-JACQUES.

Quand nous arrivâmes devant la duchesse, on sonna encore.

— Il ne faut pas ouvrir, dit la duchesse de Parisis ; j'ai mauvais augure des gens qui viennent si tard. Je n'attends personne.

L'autre sœur de charité était là lisant un livre de prières.

— Ma sœur, dit Angéline, Mme la duchesse a soif. Voulez-vous lui donner cette coupe d'orangeade glacée qui est là-bas ?

On sonna une quatrième fois. Nous écoutions dans le silence ; j'entendis aboyer un chien.

— Est-ce le chien de la maison ? demandai-je.

— Oh ! non, celui qui aboie est un vrai chien, et je n'ai qu'un king-charles, un enfant gâté qu'on a couché de bonne heure.

On sonna une cinquième fois.

— C'est insupportable, dit la duchesse ; il faut pourtant ouvrir ; mais qu'on n'ouvre à cet impertinent que pour lui jeter la porte au nez.

Il n'y avait plus dans l'hôtel que la femme de chambre qui fût debout. Elle descendit et ouvrit la porte ; mais elle ne la referma pas, comme elle le voulait, sans laisser rentrer les visiteurs nocturnes : elle avait reconnu M. Angeli, le commissaire de police du quartier.

M. Angeli est un homme qui sait tout Paris et qui procède par la douceur pour être plus énergique ; aussi n'a-t-on jamais envie de lutter contre lui ; on se laisse prendre comme les mouches au miel.

Il demanda à entrer chez la duchesse.

Il était suivi d'un petit homme tout noir qui retenait un chien.

Vous avez pressenti Hobard et Thermidor.

Et en effet, c'étaient les deux chercheurs — les deux chasseurs de la mort.

La femme de chambre n'osa pas s'opposer à

cette visite ; elle passa en avant suivie de près par les deux hommes et par le chien qui aboyait toujours.

On n'avait plus d'inquiétude dans le salon; on était convaincu que si la femme de chambre montait avec les visiteurs, c'est qu'on avait affaire à des amis de la maison.

— Madame la duchesse, dit cette fille en paraissant sur le seuil de la chambre à coucher, c'est M. le commissaire de police.

Un silence profond se fit.

— Le commissaire de police! murmura la duchesse; dites-lui qu'il revienne quand il fera jour.

— Madame, dit le commissaire sur le seuil de la porte, il n'y a ni jour ni nuit pour la justice ; je suis forcé de faire ici une perquisition ; mais rassurez-vous, je ne vous troublerai pas longtemps, car je suis presque sûr que nous nous sommes trompés de porte.

— Une perquisition !

— Oui; on nous a dit qu'une femme de la Commune se cachait ici.

— Voilà une belle invention ! Eh bien, monsieur le commissaire, montez au premier, montez au second, fouillez partout; mais ne faites pas trop de tapage, car je suis bien malade.

Thermidor aboyait de plus belle, il montrait sa tête à la porte, il voulait s'élancer dans la chambre, mais Hobard le retenait.

— Eh bien, madame, nous allons monter, dit M. Angeli.

Hobard, qui restait dans le salon, mais qui avait jeté un coup d'œil dans la chambre, fit remarquer qu'il serait mieux de commencer par le commencement, c'est-à-dire de fouiller toutes les pièces de l'étage où il se trouvait. On a déjà dit que c'était un rez-de-chaussée surélevé, à grand perron.

— Commencez par la cuisine si vous voulez, dit la duchesse; mais de grâce, ayez pitié d'une femme malade. Si vous croyez que la communeuse se cache dans mon lit, je vais me lever.

— La sœur de charité, la vraie, vint à M. Angeli.

— Je vous en prie, monsieur le commissaire, prenez garde d'amener une crise chez la duchesse. Il y a huit jours qu'elle ne peut dormir ; elle est à bout de forces ; prenez garde.

La femme de chambre offrit au magistrat et à Hobard de les conduire partout.

— Nous aurions dû commencer par cette chambre à coucher, dit Hobard, qui sentait la chair fraîche et qui croyait que Thermidor était réveillé à ses souvenirs.

Pourtant, comme il ne devinait pas Angéline Duportail dans les deux religieuses et la duchesse, il se décida à suivre la femme de chambre et à l'interroger en route.

— Voyons, lui dit-il, quand ils furent éloignés de la chambre à coucher, vous savez qu'il y a ici une femme qui se cache?

— Jamais! Il y a une cuisinière avec moi ; deux sœurs de charité, parce que l'une veille la nuit et l'autre le jour ; enfin la duchesse, qui a horreur de toutes les révolutions. Tous ses amis sont dans l'armée de Versailles.

— Je n'accuse pas la duchesse, mais on a bien pu se cacher ici sans lui en demander la permission.

Angéline Duportail avait pris le livre de prières dans les mains de la sœur de charité; elle lisait en remuant les lèvres; mais certes elle ne comprenait pas un mot; elle avait beau jouer la quiétude, l'anxiété se trahissait sur sa figure.

— Pauvre fille, dit la duchesse en la regardant

avec une douce sympathie, s'ils allaient la ressaisir !

Elle se disait cela à elle-même, mais j'avais entendu.

— N'ayez peur, lui dis-je, on n'a jamais si bien pris l'air d'une religieuse.

— Vous savez donc l'histoire? me dit-elle en me regardant tout étonnée.

— Oui, mais je ne sais pas tout; comment avez-vous pu la sauver?

— Elle a été sauvée après avoir reçu deux balles sous ma fenêtre. J'ai vu cet horrible spectacle. Je croyais cette pauvre fille tuée. Comme un sergent s'indignait contre ses soldats d'avoir fusillé cette femme, j'ai compris qu'on voulait lui faire grâce ; j'ai demandé au sergent qu'elle fût transportée chez moi. Une balle avait coupé ses cheveux ; une autre avait traversé le bras ; c'est la première balle qui l'avait jetée à terre. Elle reprit ses sens et monta toute seule jusqu'ici, appuyée au bras de cette brave sœur de charité, qui a été de moitié dans ma bonne action. Deux jours après, elle allait presque bien ; mais elle avait peur qu'on ne vînt la prendre pour la conduire à Versailles. Ce fut alors que j'imaginai cette pieuse profanation, de lui donner à elle aussi l'habit de sœur de charité : Dieu me pardonnera pour l'intention, comme a fait la sœur de charité. Nous avons vécu toutes les trois comme de vieilles amies. Cette fille a passé par toutes les folies, mais elle est revenue aux meilleurs sentiments; ce me serait un vrai chagrin si on me la prenait maintenant.

La duchesse m'avait conté cela très-rapidement et en très-peu de mots; mais je savais déjà comment Angéline Duportail avait été fusillée et n'en était pas morte.

Quelques minutes se passèrent qui parurent des siècles, tant on avait peur que la vérité ne fût découverte. On écoutait, on entendait marcher, le chien coupait le silence par un aboiement, jamais Thermidor n'avait été plus animé.

Tout d'un coup nous reconnûmes qu'on était revenu dans le salon; j'y allai moi-même, comme pour empêcher M. Angeli et Hobard d'entrer.

— Nous n'avons rien trouvé, dit le commissaire de police.

Hobard insista et dit :

— Il nous reste à questionner de plus près la

maîtresse du logis ; je verrai bien à sa figure si la femme que nous cherchons est ici.

Il m'avait paru si impossible qu'on découvrît l'Amazone des barricades sous son habit de sœur de charité, dans sa figure toute dépouillée de peinture et de poudre de riz, que je n'avais pas songé à lui conseiller de se cacher ou de s'enfuir ; mais quand je reconnus Hobard, je fus inquiet.

— Eh bien ! lui dis-je en lui rappelant notre rencontre avec le comte de Volnay, avez-vous trouvé l'homme et la femme que vous cherchiez ?

— La femme, me dit-il, c'est elle que je cherche ici. L'homme, je ne l'ai pas encore.

— Eh bien, vous ne serez pas plus heureux ici, et je ne m'explique pas que vous y cherchiez la femme en question.

Hobard me regarda du coin de l'œil, en ayant l'air de dire que ce n'était pas là des paroles d'Évangile.

Comme je ne savais pas l'histoire de Thermidor, je lui demandai ce que faisait le chien dans la perquisition.

— C'est bien simple, puisque c'est son chien à elle, comme son chien à lui.

Je compris que tout était perdu, ou à peu près.

— Eh bien, monsieur, dis-je en passant devant Hobard qui m'avait dépassé pour entrer dans la chambre à coucher, laissons la duchesse dormir si elle peut.

Et je caressai le chien pour le retenir.

— Oui, nous allons descendre, mais j'ai un mot à dire à la duchesse.

En ce moment, Thermidor, à qui Hobard donna toute liberté, s'élança en bondissant vers Angéline Duportail.

La religieuse avait reconnu Thermidor ; mais elle ne détachait pas ses yeux du livre de prières, espérant que le chien n'aurait qu'un premier accès de joie en la revoyant.

C'était la dernière illusion de la femme qui se croit métamorphosée.

Elle eut beau montrer à Thermidor une figure sévère, le chien n'en voulut démordre, il sauta à ses genoux en criant.

— Madame, dit Hobard en lui mettant la main sur l'épaule, vous êtes Angéline Duportail, baronne de Courthuys, maîtresse du colonel Ducharme, celui qu'on appelait Cœur-de-Lion.

— Je ne comprends pas, dit-elle en regardant Hobard avec son grand air.

— Madame, je vous dis que ce chien vous a reconnue, et je vous arrête au nom de la loi. Si vous ne voulez pas me suivre de bonne volonté, M. le commissaire...

La duchesse s'était soulevée sur son lit avec indignation.

— Monsieur, je vous défends de toucher à cette religieuse. On me connaît bien : je vais écrire à Mac-Mahon.

— Madame, vous écrirez au bon Dieu et au diable si vous voulez, mais cette femme est ma prisonnière.

— Eh bien, oui, c'est moi, dit tout à coup Angéline Duportail en remettant son livre de prières à la sœur de charité. Je ne veux pas fuir devant le danger. J'ai appris depuis huit jours à n'avoir plus peur de rien. Que la volonté de Dieu soit faite.

Elle embrassa Thermidor avec effusion.

— Marchons ! reprit-elle.

Angéline Duportail s'inclina devant la duchesse de Parisis.

— Je suis trop heureuse, dit-elle, d'avoir été consolée par une si noble femme. Quoi qu'il m'arrive maintenant, je mourrai en Dieu.

La religieuse fit le signe de la croix, comme pour accepter cette promesse.

Angéline Duportail s'était retournée vers le chien, qui ne voulait pas la quitter.

Elle lui prit les deux pattes et lui donna ses larmes à lécher.

— Eh bien, oui, dit-elle, embrassons-nous, Thermidor; je croyais n'avoir jamais eu d'ami, en voilà un.

Hormis Hobard, tout le monde était ému profondément.

L'Amazone des barricades donna la main à la sœur de charité.

— Dites-moi, ma sœur, s'il me faut aller à Cayenne, est-ce que j'aurai le droit de garder cet habit et de veiller les malades?

— Non, ma sœur, lui dit la religieuse, mais espérons en Dieu; peut-être qu'on vous permettra de vous retirer aux Filles-Repenties.

La duchesse donna un habillement noir à la Duportail. Elle voulait qu'on ne l'emmenât que le lendemain matin.

— Non, dit Angéline, je veux aller moi-même au-devant de la justice; ce sera un premier sacrifice à Dieu : si je pleure, c'est pour Dieu.

Depuis qu'Angéline s'était retrouvée dans une atmosphère digne de son meilleur temps, elle était revenue tout entière aux plus nobles sentiments de la femme. Elle voulait souffrir pour arriver au pardon ; elle voulait répandre beaucoup de larmes sur le chemin de l'expiation.

Elle avait revu le ciel dans l'horizon. Dieu n'était pas encore revenu à elle, mais elle marchait résolûment vers Dieu.

L'amour, l'amour seul, l'avait entraînée à cette bataille fratricide et sacrilége. Elle avait honte d'avoir abdiqué les vertus de la femme pour se perdre en de tels égarements.

Quoique le souvenir d'Adolphe Ducharme fût encore tout vivant en elle, elle comprimait son cœur et ne laissait plus parler que son âme.

Les femmes sont ainsi : elles passent du bien au mal et du mal au bien sans transition. Plus l'abîme est profond et plus elles s'y hasardent dans l'ardeur de leur aveuglement ou de leur repentir.

Angéline Duportail, souffrant de sa blessure, ne sachant s'il lui restait beaucoup de jours à vivre, n'essaya donc pas de se soustraire au châtiment mérité.

Elle avait fait beaucoup de mal parce qu'elle avait entraîné beaucoup de monde. Elle avait eu beau se montrer çà et là charitable aux pauvres et secourable aux blessés, elle n'avait pas effacé ses fautes.

Elle croyait que les punitions qui l'attendaient, celle de la justice des hommes, lui seraient une station expiatoire pour se rapprocher du ciel.

Voilà pourquoi elle avait dit à Hobard et au commissaire de police qu'elle était prête, dût-elle mourir en chemin.

— Pauvre Thermidor ! murmura-t-elle en descendant le perron de l'hôtel.

Le chien bondissait toujours autour d'elle en toute joie, ne doutant pas que cette fois il retrouvât bientôt son maître.

Quand Angéline Duportail fut sortie de la chambre, la duchesse dit à la religieuse :

— Ma sœur, priez Dieu qu'on ne la fusille pas une seconde fois.

IV.

VOYAGE A TRAVERS LA MORT.

> La vengeance ne s'arrête pas
> à la tombe. Elle veut frapper
> jusqu'au souvenir.
>
> CONDORCET.

Or, pendant qu'on faisait prisonnière la ci-devant baronne de Courthuys, redevenue Angéline Duportail à la révolution du 4 septembre, bientôt surnommée l'Amazone en courant les aventures guerrières avec son amant, que devenait le colonel Ducharme ?

Un matin, un reporter, qui avait connu Cœur-de-Lion au Café de Madrid, reçut une petite lettre de Mme Ducharme, où elle le priait de la venir voir le jour même. Il pensa bien que c'était pour lui parler de son fils. Il alla tout de suite rue Saint-Lazare, où il trouva Mme Ducharme et sa fille tout éplorées.

Il se nomma.

— Monsieur, dit la malheureuse mère, j'ai perdu mon fils, il est mort pour sa cause ; mais puisqu'il est mort, faites que les journaux ne le calomnient pas.

— Comment ! il est mort ! exclama le reporter.

— Oui, monsieur, il a été tué à la barricade du boulevard Malesherbes, à l'entrée des troupes. On l'avait enterré au parc Monceaux avec les hommes trouvés à côté de lui ; à force de le chercher partout, hélas ! je l'ai trouvé là, hier, quand on a déterré les insurgés pour les enterrer au cimetière Montmartre. On m'a permis de lui donner une sépulture. Dès que le tombeau sera élevé, vous y viendrez avec moi et avec sa sœur. Vous étiez séparés par un abîme politique, mais il avait du cœur comme vous : il faut lui pardonner sa généreuse folie.

Le reporter gardait le silence ; il était ému par le souvenir de son amitié et par le désir de faire un entrefilet de cinquante lignes sur l'aventure tragique du chef de légion. Il interrogea Mme Ducharme sur les blessures de son fils ; il voulut savoir s'il avait gardé dans la mort sa figure martiale, dans quel monde on l'avait trouvé enterré, s'il avait près de lui d'autres officiers connus.

Il se hasarda même à parler de l'Amazone.

Mme Ducharme répondit qu'elle la croyait prisonnière à Versailles, où elle ne survivrait ni à ses blessures ni à ses chagrins.

. . . .

Le comte de Volnay s'impatientait fort de n'avoir pas plus rapidement des nouvelles de son ennemi. Sa soif de vengeance était toujours aussi fiévreuse. Hobard venait tous les soirs lui parler de ses recherches de la journée.

Le lendemain de l'arrestation d'Angéline Duportail, il réveilla le comte.

— Une bonne trouvaille, lui dit-il; j'ai mis la main sur la femme.

— C'est toujours cela, dit le comte. Mais à quoi bon si elle ne me dit pas où est l'homme?

— Oh! elle ne le dira pas!

— Qui sait? Une femme emprisonnée perd la moitié de son entêtement. Où avez-vous mis cette demoiselle?

— Elle a passé la nuit à la Conciergerie; elle doit partir ce matin pour Versailles, où j'irai la questionner encore demain, sous prétexte de lui donner des nouvelles du citoyen Ducharme. Qui sait si je ne lui arracherai pas le secret de sa cachette?

— Et le chien ?

— Le chien est toujours avec moi.

L'homme anonyme raconta à René de Volnay la scène de reconnaissance entre Thermidor et Angéline.

— Si je pleurais encore, ajouta-t-il, les larmes me fussent venues aux yeux. Vous n'avez jamais vu un tableau plus émouvant. Le chien sanglotait, la femme le baignait de pleurs ; jamais deux amis ne se sont retrouvés avec plus d'émotion.

Le comte de Volnay était devenu rêveur.

— Je ne comprends rien à cette femme, murmura-t-il. Je l'ai connue autrefois simple courtisane, quand elle valsait chez Laborde ; je l'ai connue ensuite, quand elle s'intitulait la baronne de Courthuys : je ne croyais pas qu'ayant si mal commencé elle finirait si mal.

— Vous êtes un sceptique, dit Hobard. C'est précisément parce qu'elle a mal commencé qu'elle finit mal.

— Vous ne savez ce que vous dites : le mal conduit au bien.

— Non, monsieur le comte, c'est le bien qui conduit au bien.

— Que dit-on dans Paris ?

— Des sottises. On dit que la Commune n'a pas dit son dernier mot. Elle jouera son second acte à Genève ou à Londres ; car tous ceux qui n'ont pas été fusillés partent pour la Suisse ou pour l'Angleterre. Mais rassurez-vous, les barrières sont bien gardées pour Adolphe Ducharme comme pour Félix Pyat.

— Félix Pyat, il joue le rôle de tous les Fra-Diavolo et de tous les Zampa du monde. Il a dîné hier tranquillement au Café Anglais. Il est vrai que ce n'était pas là qu'on le cherchait. Si jamais vous prenez celui-là, je crie : Vive la Commune !

Hobard salua.

— Nous les prendrons tous ! dit-il à René de Volnay.

L'homme anonyme était déjà à la porte quand le comte le rappela.

— Dites-moi, Hobard, que devient Diane Ducharme, la sœur du colonel ?

— Elle continue à prendre le temps comme il vient et les hommes comme ils sont. Elle est tantôt à Versailles, tantôt à Saint-Germain, où elle émerveille tous les oisifs par son art de conduire ses chevaux mignons. Cette femme-là est née une cravache à la main.

— Avec qui est-elle ?

— Tantôt avec l'un, tantôt avec l'autre, vraie femme internationale ; car on dit qu'un Américain et un Russe lui font accepter des dollars et des roubles pour nourrir ses chevaux et s'habiller un peu, car on ne s'habille plus. En voilà une dont on parlera dans la chronique scandaleuse !

— Assez, assez, murmura René de Volnay avec impatience ; je connais Diane Ducharme : c'est une fanfaronne de vices, mais au fond elle ne demande qu'à retourner chez sa mère.

L'homme anonyme n'ajouta pas un mot, mais il ne fut pas convaincu par le certificat de vertu que voulait donner le comte de Volnay à Diane Ducharme.

— C'est assez drôle, dit-il en descendant l'escalier, il voudrait manger le frère, mais il voudrait croquer la sœur !

Ce jour-là Hobard sembla écouter les inspirations de Thermidor; mais il s'aperçut que le chien prenait le vent vers la rue des Abbesses. Il paraissait même si décidé que l'agent de police jugea prudent de le conduire, séance courante, chez un sellier du boulevard Haussmann pour lui faire cadeau d'un collier.

Thermidor s'indigna de cette captivité préventive; il n'avait fait de mal à personne; il n'avait pas même mordu un de ses pareils; il n'était coupable que d'aimer son maître, à la vie, à la mort.

Il était si malheureux qu'il se résigna, bien décidé, d'ailleurs, à s'échapper si on le condamnait à ne plus aller à sa maison. L'espérance lui revint au cœur quand il vit que l'homme anonyme se dirigeait vers Montmartre.

Mais ce n'était pas dans la cité des vivants, c'était dans la cité des morts.

C'était tout juste le jour où l'on rapportait les fédérés tués en combattant ou en fuyant, ceux-là qui avaient d'abord été enterrés dans les fossés des fortifications, sur les berges de la Seine, au parc Monceaux ou ailleurs.

— J'arrive à propos, se dit Hobard.

Il alla droit à la fosse commune, où il entendit les fossoyeurs répéter ce mot déjà trépassé : « Ils ont voulu la Commune, ils ont la fosse commune. »

Les charretées de cadavres arrivaient à la file. La cérémonie funèbre était bientôt faite : on les jetait pêle-mêle pour remplir le trou, vrais décombres humains. C'était horrible à voir, ces morts déjà enterrés, qui reparaissaient à la lumière pour une heure, dans les poses les plus simples et les plus contradictoires, presque tous avec la dernière grimace d'une mort violente, couverts de sang et de poussière.

Un fossoyeur faisait remarquer quelques femmes parmi les hommes.

— Est-il possible, disait-il, que tous ces gens-là ne fassent qu'un lit! Après cela, ils couchaient peut-être ensemble pendant leur vie. Que la paix du Seigneur soit avec eux. Passe-moi ta gourde, car je n'ai plus de cœur au ventre.

— On nous avait prédit la peste, dit son camarade en lui passant la gourde après avoir bu; on ne nous a pas volés; c'est toujours la vieille histoire, la peste après la famine, la famine après la guerre, la guerre après l'Empire, l'Empire après la Révolution, un vrai chapelet de malheurs.

Hobard et Thermidor arrivaient devant la fosse.

— Cherche, cherche, cherche, dit l'agent de police au chien en lui donnant sa liberté.

Thermidor fit le tour de la fosse, regardant les cadavres; mais il eut bientôt assez du spectacle et de la compagnie, car aussitôt il décampa.

Hobard courut après lui, tout en lui parlant d'une voix sévère et douce à la fois, comme s'il eût parlé à un enfant.

Thermidor se retourna, eut un moment d'indécision et finit par obéir.

Une nouvelle charretée de cadavres passait.

— Cherche, lui dit encore l'agent de police.

Thermidor se dressa, le nez en avant, mais il se détourna bientôt de toute cette misère humaine où il sentait que pas un de ses amis n'était couché.

Du cimetière Montmartre, Hobard alla au cimetière du Père-Lachaise. Le chien ne fit pas de façon, parce qu'il était en fiacre.

Ce fut la même répétition. Hobard ne s'arrêta pas pour étudier sur les tombes la marque de la fureur des vivants jusque chez les morts; il alla droit au but : à la fosse commune.

Thermidor ne pleura après son maître.

Vainement, après la fosse commune, le promena-t-on par tous les détours du *campo santo*, qui cachait encore quelques insurgés derrière les broussailles, sur les arbres, jusque dans les mausolées.

Il ne reconnut personne.

Même pèlerinage stérile au cimetière du Montparnasse.

Quoique Hobard fût tout à sa recherche, il remarqua pourtant que le pays des morts a des jours néfastes ; ce jour-là, par exemple, les oiseaux s'étaient envolés, le vent n'agitait pas les arbres, les roses tombaient flétries en s'ouvrant : c'était la mort dans la mort!

V.

LE ROCHER-SUISSE.

> Faites jaser une bouteille, elle vous dira tous les secrets de la maison.
>
> DUFRESNY.

> La vérité ne sort pas du puits, mais de la tonne.
>
> MASCARILLE.

Le soir était venu; Hobard, qui n'avait déjeuné qu'en courant, promit à Thermidor un bon dîner au cabaret. Et pourtant, quoiqu'il eût bien faim, il n'oublia pas de se faire conduire au Café de Madrid, comme si les échos de cette académie politique devaient le bien renseigner. Qui sait si la force de l'habitude n'y ramenait pas déjà quelques-uns de ces messieurs? Car, tout en recherchant Cœur-de-Lion, Hobard n'eût pas dédaigné quelque autre prise parmi les chefs de l'insurrection.

Il demanda un verre d'absinthe, pour faire

comme ces messieurs. Mais il ne vit venir autour de lui que des officiers de l'armée de Versailles.

Au bout de dix minutes, il s'en alla après avoir donné un verre d'eau à Thermidor.

Il savait que Cœur-de-Lion avait dîné quelquefois au Rocher-Suisse, sous la butte Montmartre. C'est là le cabaret qu'il choisit pour bien traiter Thermidor.

Ce fut une vraie joie pour Thermidor quand il s'arrêta devant le Rocher-Suisse. Il s'élança du fiacre, menant en laisse Hobard lui-même. Il le conduisit par les grottes et les bosquets, criant, aboyant, jappant.

— Est-ce que Cœur-de-Lion serait là? dit-il en regardant la terrasse du cabaret.

Survint un garçon :

— Est-ce que ces messieurs veulent dîner?

— Oui, dit Hobard en souriant, ces messieurs veulent dîner.

— C'est que ces messieurs dîneront mal; nous ne sommes pas encore bien remis de tout ce tremblement de terre, car j'ai cru que c'en était fait de la butte Montmartre. Comme disait La Cécilia, le volcan a failli danser.

— Avez-vous de la bonne soupe et du bon vin?

— Oh! pour cela, oui, le vin est connu ici; nous faisons de bon vin et de bonne soupe.

— Eh bien, puisque vous faites de si bon vin, ne me donnez pas de vin rouge, donnez-moi du vin blanc, celui-là est plus difficile à faire.

Par « police de sûreté, » Hobard attacha le chien au pied de la table.

Pendant qu'on préparait le premier service, Hobard étudiait la physionomie de l'endroit.

Le Rocher-Suisse est le petit Moulin-Rouge de Montmartre; c'est là que dînent les malins du quartier, les peintres, les sculpteurs, les architectes, toute l'aristocratie, avec quelques financiers ou boursiers à la petite semaine, qui viennent là parce que l'argent s'ennuie avec l'argent.

Et d'ailleurs il y a aussi quelques dames plus ou moins légères, quelques rosières de Montmartre apprivoisées par Paris, les reines du Château-Rouge et de l'Élysée, qui sifflent gaiement les valses d'Olivier Métra, ce merveilleux musicien du Paris-Bohême, un Hoffmann qui écrit ses contes fantastiques avec des doubles croches.

L'agent de police fut émerveillé, lui qui avait

trop arpenté de cimetières ce jour-là, de voir que la gaieté parisienne survivait à tout. On était encore en pleine catastrophe, mais on riait déjà; il semblait qu'on sortît d'une représentation de la Porte-Saint-Martin, quand on raille les péripéties les plus dramatiques. On paraissait ne pas plus croire à ce qui venait de se passer qu'à *la Tour de Nesle* ou à *la Tour de Londres*; peut-être même y croyait-on moins.

Hobard était trop habile pour ne pas entrer de plain-pied dans la conversation des autres; en moins de cinq minutes, il était en familiarité intime avec ses voisins et voisines.

Une blanchisseuse, qui faisait le lundi après s'être amusée le dimanche, passa à Thermidor une cuisse de poulet où elle avait à peine mordu. Le chien n'en fit qu'une gueulée, après quoi il témoigna sa reconnaissance à la belle fille par toutes sortes de caresses, quoiqu'il fût empêché par sa chaîne.

Cette blanchisseuse, c'était la grande Chaourse, qui posait pour les sculpteurs les Vénus sortant des flots : une belle créature s'il en fut, habillée ou non.

Naturellement, on causa des communeux.

— Après tout, dit Hobard, ils ont payé leur dette, puisqu'ils sont morts en combattant.

— Ils ne sont pas si morts que cela, dit la blanchisseuse. Ils feront comme Notre-Seigneur, ils ressusciteront trois jours après.

Une couturière qui dînait en compagnie de la blanchisseuse remarqua qu'il faudrait pourtant faire plus d'une épitaphe; par exemple, celle de Cœur-de-Roi, qui était mort vaillamment à la barricade du Château-d'Eau.

— Celui-ci, dit cette fille, était un brave; mais il y avait bien des lâches dans sa compagnie.

Un artiste, qui n'avait pas été de la fédération artistique et qui s'était moqué de la Commune en face de la Commune, ne craignit pas de faire l'oraison funèbre de Cœur-de-Roi.

— Le pauvre diable, dit-il, a été trahi par les siens; je ne dirai pas par les chiens, pour ne pas offenser le citoyen ici présent.

Il regardait Thermidor.

Et après l'avoir caressé à diverses reprises, l'artiste continua :

— Figurez-vous que lorsqu'il a fait battre le rappel, cet homme, qui était adoré de toute sa compagnie, n'a trouvé que vingt-six fédérés pour marcher avec lui contre l'ennemi. Il y en a plus d'un dans le 7ᵉ bataillon qui se reprochera d'avoir marché d'abord pour lâcher pied à l'heure du danger. Certes, je ne suis pas de la Commune, parce que je ne suis ni assez bête ni assez désœuvré pour cela ; mais si jamais on me prend dans une faction politique, je me ferai plutôt fusiller que d'en démordre. J'ai vu la défense désespérée de ce malheureux Cœur-de-Roi : un fou, celui-là, un fou dangereux ! N'allez pas vous imaginer que les vingt-six hommes qui ont répondu à l'appel se soient défendus héroïquement ; vers Notre-Dame-de-Lorette, ils se sont envolés comme une nuée d'étourneaux aux premiers coups de fusil de Versailles. Cœur-de-Roi, furieux de ne pouvoir les rallier, est allé se faire tuer à la barricade du Château-d'Eau.

Hobard savourait, avec sa soupe aux choux, toutes les paroles tombant autour de lui.

— C'est dommage, dit la cantinière, Cœur-de-Roi était un bon diable ; il est venu festiner ici plus d'une fois. Je suis bien sûr que celui-là ne croyait pas à la scélératesse des communards ; il se battait parce qu'il était né pour cela.

— C'était Hercule lui-même.

— Par exemple, il n'avait pas besoin des trente sous par jour, car il avait une fortune toute faite en toiles de Hollande et en toiles de Saxe.

— Et quand on pense qu'il n'aura pas même un suaire !

— Oui, oui, dit Hobard en passant la moitié de sa soupe à son chien ; si on n'avait eu à combattre que des hommes comme Cœur-de-Roi, Versailles et Paris se seraient entendus bien vite. Mais les bons obéissent aux mauvais, comme dans toutes ces saturnales révolutionnaires.

— Eh bien, dit un ciseleur, j'ai l'opinion que Cœur-de-Roi n'est pas si mort que cela. Je crois bien l'avoir revu avec Félix Pyat.

— C'est égal, je ne voudrais pas être dans leur peau.

— Allons donc ! Félix Pyat, c'est le jeune et vaillant Achille, il est trempé dans le Styx, il est invulnérable. Et comme il ne fuit jamais on ne l'attrapera pas au talon.

Un portraitiste prit la parole :

— C'est une rude plume : il a fait trembler tous les membres du 4 septembre. Son portrait de Gambetta, c'est tout ce qui restera de Gambetta ; je m'y connais, puisque je ne peins que le portrait.

Hobard vit bien que personne ne savait où se cachait l'auteur du *Chiffonnier*, ce romantique que le jacobinisme a perdu, mais qui a gardé son prisme de 1830.

— Messieurs les artistes, — dit-il en s'adressant aux femmes comme aux hommes, car il n'y avait ni hommes ni femmes, tous artistes, — puisque vous connaissiez si bien Cœur-de-Roi, vous devez connaître un peu Cœur-de-Lion ?

— Il est vrai qu'il était bien un peu de la même paroisse.

— Lui aussi est venu dîner ici quelquefois, mais c'était un monsieur qui faisait des manières.

— S'il faisait des manières, sa maîtresse faisait ses poussières, avec sa robe à queue qui ne pouvait entrer nulle part, dit la blanchisseuse.

— Ce n'était plus des gens comme nous, dit la couturière, c'était des gens du monde !

— Trois points d'exclamation ! dit le sculpteur.

— Quand ils venaient ici tous les deux, ils s'isolaient dans une grotte.

— C'était la grotte de la sibylle, car on y parlait mystérieusement ; j'ai bien écouté aux portes, mais je n'ai jamais rien compris.

Une nouvelle venue entra.

— Tenez, dit la couturière, en voilà une qui pourrait en dire plus long sur M. et Mme Cœur-de-Lion, un paon et une grue.

— Un paon, c'est possible ; mais une grue, pas si grue que cela.

Hobard avait levé la tête pour regarder la nouvelle venue. C'était une femme de chambre qui avait pris une des défroques de sa maîtresse, la plus simple, mais encore trop riche pour elle, car on voyait bien qu'elle n'était pas dans ses meubles, je veux dire dans ses robes. Elle portait mal la soie ; elle avait dissimulé la richesse du nœud. C'était une épée rouillée dans une gaîne dorée.

— Qu'est-ce qu'elle vient faire ici ? dit la grande Chaourse. Après cela, le Rocher-Suisse n'est pas ouvert pour les chiens.

Le garçon venait d'apporter une fricassée de poulet sur la table de Hobard ; ni au Café-Anglais, ni à la Maison-d'Or, ni au Moulin-Rouge, on n'avait assaisonné avec plus de haut goût un poulet coupé en huit.

Un parfum qui eût ressuscité Grimod de la Reynière se répandit tout alentour.

Tout le monde leva le nez. O miracle des petits oignons, de la muscade, des champignons et du poivre ! Jamais une fumée plus savoureuse ne s'était élevée au banquet des Olympiens !

D'où vient cependant que le chien, devenu inquiet, ne respira pas, comme les autres, ce fumet divin ?

Hobard ne pensait plus à Thermidor.

— Garçon, dit-il, apportez-moi une bouteille de moulin-à-vent pour arroser ce poulet. — Rassurez-vous, ajouta-t-il en se tournant vers ses voisines, je ne boirai pas tout, si vous voulez me le permettre.

Hobard mettait tout en œuvre ; il savait que le vin fait jaser, il risquait la pièce de cent sous.

Mais, hélas ! contre-temps impitoyable, au moment où l'homme anonyme mettait la cuiller dans la fricassée, le chien, qui avait reconnu la femme de chambre, fit un tel bond pour se précipiter vers elle qu'il renversa la table sur Hobard.

Ce fut un éclat de rire à tout casser.

Hobard, furieux, songea à faire arrêter tout le monde, pour rassasier sa colère, sinon sa faim.

Quand il se fut un peu délivré de la table et qu'il eut essuyé la mémorable sauce qui ruisselait et fumait encore sur sa poitrine, il s'inquiéta de savoir pourquoi le chien s'agitait pareillement.

Il reconnut que Thermidor en voulait après la dernière venue.

Il se leva, non pas de table, puisque la table était à ses pieds ; il marcha droit à la femme de chambre, sans trop rudoyer le chien qui s'élançait vers elle.

— Mademoiselle, lui dit-il bas, j'ai deux mots à vous dire, venez avec moi dans cette salle.

Comme il faisait beau temps, la salle était déserte.

La femme de chambre, tout interdite, presque effrayée, suivit Hobard ; elle était si troublée qu'elle ne reconnut pas Thermidor, qui se dressait devant elle en jappant.

Elle le reconnut pourtant avant d'entrer dans la salle.

Elle ne partagea pas la joie du chien, car Thermidor lui rappelait qu'elle avait disposé un peu soudainement du bien d'autrui.

Elle s'imagina avoir affaire à un ami de Cœur-de-Lion et de sa maîtresse, qui allait lui reprocher de porter déjà les robes de la ci-devant baronne.

— Mademoiselle, dit Hobard à cette fille, je pourrais vous faire incarcérer, puisque vous êtes un peu de la Commune.

— Moi ! grand Dieu ! j'ai un frère dans l'armée de Versailles.

— Et un amoureux dans l'insurrection.

— Un amant ! On n'a rien, mais on a son honneur. Pour qui me prenez-vous ?

— Je ne vous prends pas, n'ayez pas peur, mais répondez-moi.

— Je ne sais rien.

— Vous étiez la femme de chambre de Mme Angéline Duportail. Vous avez vu tous les jours M. Cœur-de-Lion, ou plutôt M. Adolphe Ducharme.

Quand la femme de chambre vit qu'on ne lui reprochait pas d'avoir pillé sa maîtresse, elle releva un peu la tête.

— Monsieur, ce n'est pas un crime que de servir fidèlement ses maîtres. Les femmes de chambre n'ont pas d'opinion politique. Et puis, je n'ai pas fourbi le sabre de monsieur, ni mis de capsules dans le revolver de madame. S'ils ont voulu se faire tuer, c'est que cela leur faisait plaisir.

Hobard avait demandé de l'eau et une serviette pour laver un peu le dîner sur l'estomac.

— Maudite bête ! murmurait-il entre ses dents. C'est la première fois, depuis huit jours, que j'avais bon appétit. Qu'importe ! je n'ai plus faim.

Et se retournant vers la femme de chambre, il lui fit, sans aller plus loin, subir un rude interrogatoire, la menaçant toujours de l'envoyer à la Conciergerie si elle faisait des façons.

Cette fille ne savait que dire. Elle ne répondait que par monosyllabes, quand une nouvelle venue passa dans la salle et la salua.

C'était Fine-Champagne.

VI.

OU SE DESSINE LA SILHOUETTE DE FINE-CHAMPAGNE

> Vous avez beau poser des points d'interrogation devant la femme, elle vous répond : « Je suis le mensonge et je ne me dis pas la vérité à moi-même. »
>
> GABRIELLE LA RAMÉE.

Naturellement, Fine-Champagne connaissait la femme de chambre d'Angéline Duportail ; car si son ami Carnaval était l'ordonnance du colonel, elle avait bien été un peu l'ordonnance de la colonelle.

On avait jaboté dans l'antichambre et au camp, où la femme de chambre venait tous les jours apporter à sa maîtresse une chemise de batiste, un mouchoir transparent et une paire de demi-bottes, qui faisaient l'admiration des fédérés.

On était bien loin de reprocher ces souvenirs de luxe à la belle Amazone. Au contraire, on la trouvait plus méritoire de sacrifier de si belles choses à la défense des principes.

Le peuple aime bien mieux le comte de Rochefort-Luçay que le cordonnier Gaillard.

Une tricoteuse, quelle que soit sa furie, ne parlera jamais à la foule comme à Théroigne de Méricourt, la courtisane dorée.

Dans les révolutions, c'est encore l'aristocratie qui gouverne. M. de Mirabeau, M. de Robespierre, M. de Saint-Just, M. de Barras n'étaient-ils pas en première ligne?

La femme de chambre croyait que Fine-Champagne avait été fusillée; aussi quelle que fût sa terreur devant l'homme anonyme, elle s'écria en la revoyant :

— Ah! vous voilà!

Fine-Champagne avait reconnu le chien et lui avait pris le museau pour l'embrasser.

— Bonjour, Thermidor!

Hobard s'adressa à Fine-Champagne :

— Il paraît que vous êtes ici en pays de connaissance.

— Oh! mon Dieu! répondit-elle, vous savez, à Montmartre, tout le monde se connaît, bêtes et gens!

— Je suis sûr, reprit Hobard, que vous connaissez aussi Cœur-de-Lion.

— Cœur-de-Lion! c'est un opéra-comique, n'est-ce pas? dit Fine-Champagne qui était une fine mouche.

Elle commençait à regretter de s'être embourbée dans son chemin.

— Ne faites pas la maline, dit sévèrement l'homme anonyme.

— On fait ce qu'on peut, dit Fine-Champagne, qui après tout avait traversé d'autres périls que ceux-là. Ne dirait-on pas que j'ai commis un crime en disant bonjour à un chien!

Elle fit demi-tour et disparut dans le jardin.

Hobard ne courut pas après elle; il continua d'interroger la femme de chambre.

Voici ce qu'il apprit de cette fille :

Le dimanche soir, Cœur-de-Lion et Angéline étaient à la tête de leur légion. Ils ne s'imaginaient pas avoir affaire sitôt aux Versaillais. Aussi pendant que les hommes s'enivraient dans les derniers cabarets ouverts, l'état-major festoyait dans un hôtel du parc de Neuilly, à la place même où fut le château des d'Orléans.

C'était là que la femme de chambre avait vu sa

maîtresse une dernière fois ; elle lui portait tous les jours ce qu'il y avait d'un peu recherché dans le dîner : les glaces, les gâteaux, les confitures, les fraises. Ce jour-là elle était revenue sur le soir, croyant pouvoir retourner le lendemain ; mais le lendemain elle rencontra l'armée de Versailles.

Le mardi, Angéline Duportail était revenue chez elle, mais en l'absence de sa femme de chambre, qui sans doute ne la cherchait plus.

Quand cette fille apprit le soir le passage de sa maîtresse, elle essaya de la retrouver ; mais c'était alors une pluie d'obus et de balles dans tous les environs de la Madeleine.

Le surlendemain, on lui dit que sa maîtresse était fusillée au parc Monceaux. Elle se hasarda jusqu'à la grille ; mais là on lui dit que parmi les fusillés encore exposés sous les branchages, il n'y avait pas une seule femme.

Elle s'en était revenue au logis sans en savoir davantage. Depuis, elle se hasardait à travers Paris, espérant apprendre quelque chose.

La robe qu'elle portait la brûlait, vraie robe de Déjanire. Elle aimait mieux faire une concession que d'être soupçonnée. Elle dit bravement à l'homme anonyme :

— Tenez, par exemple, voici une robe qui vient de madame; la dernière fois qu'elle l'a mise, elle m'a dit qu'elle serait pour moi; je la lui ai prise, parce que je n'en ai plus d'autres; mais, d'ailleurs, il m'est dû deux mois et demi de gages.

— C'est bien, c'est bien, dit Hobard, vous faites à cette robe trop d'honneur de la porter; on ne vous chicanera pas là-dessus. Vous direz toute la vérité. On aura l'œil sur vous. Vous retournerez habiter l'appartement de la dame Duportail. Si la dame ou Cœur-de-Lion y reviennent, vous m'avertirez à l'heure même, fût-ce au milieu de la nuit. Je demeure à côté, rue d'Anjou, n°43. Tenez, voilà mon nom. Maintenant, si on cherche à vous inquiéter, je vous sauvegarderai. J'ai dit. Adieu.

Hobard paya la carte, carte fantastique à payer, puisque le chien avait jeté le poulet aux orties; aussi ne donna-t-il rien au garçon.

Quand il siffla Thermidor, il s'aperçut que le chien avait décampé.

— Où diable est allée cette bête? demanda Hobard à la femme de chambre, qui était encore sur le seuil de la salle.

— Ce n'est pas bien malin, dit-elle, Thermidor est retourné rue des Abbesses ou rue de l'Arcade.

Voyez-vous, monsieur, c'est le plus malheureux des trois.

— Pourquoi le plus malheureux des trois?

— Parce que son maître et sa maîtresse ne sont plus malheureux, puisqu'ils ont été fusillés.

— Vous ne savez pas ce que vous dites. J'ai trouvé hier la maîtresse, que j'ai fait conduire aujourd'hui à Versailles. Pour ce qui est de Cœur-de-Lion, il ne sera pas longtemps sans tomber sous ma main.

Hobard retourna dans le jardin pour retrouver Fine-Champagne. Il sentait qu'elle n'était pas étrangère à Adolphe Ducharme.

Fine-Champagne n'avait pas songé à fuir. Elle était allée s'asseoir à côté de la grande Chaourse, qui venait de lui offrir un bock.

Il fit le joli cœur et leur parla à toutes les deux en faisant le talon rouge.

Les deux blanchisseuses ripostèrent en filles qui ont bec et ongles. Elles voyaient bien qu'il y avait quelque chose de louche en lui, mais elles ne le craignaient pas, parce qu'elles se sentaient chez elles, entourées d'amis qui, certes, eussent fort malmené l'homme anonyme, s'il se fût avisé de montrer les dents.

Aussi se contenta-t-il de faire des mines d'homme de bonne compagnie, tout en questionnant çà et là Fine-Champagne sur ses souvenirs de la Commune.

Mais Fine-Champagne, qui voyait clair dans son jeu, s'amusait à brouiller les cartes avec sa malice diabolique.

Elle finit par lui dire :

— Si vous faites la cour à deux blanchisseuses, mon bonhomme, c'est sans doute parce que vous avez une chemise horriblement tachée.

Un homme de mauvaise mine survint dans le jardin.

— Bravo! dit Hobard, voilà du renfort! Je tiens cette fille.

Fine-Champagne pressentit alors les mauvaises intentions de l'homme anonyme.

Elle avait la terreur de la prison et surtout la terreur de Cayenne. On pouvait la ressaisir et ne plus lui faire grâce.

Elle s'avisa d'un stratagème digne de Carnaval.

— Eh bien! je suis bonne fille, dit-elle à Hobard; laissez-moi faire, car vous avez raison : il faut bien que tous les chefs de la Commune soient pris. Attendez-moi un quart d'heure et je reviens avec Cœur-de-Lion. Il se laissera prendre, car il croit qu'il n'a que des amis ici.

Et là-dessus, Fine-Champagne s'envola et ne revint plus.

— Je suis pris moi-même, dit Hobard.

Il pensa qu'il n'y avait pas un moment à perdre pour retrouver Thermidor.

Il alla droit à la rue des Abbesses.

Thermidor rôdait devant la maison habitée par Cœur-de-Lion.

Hobard l'emmena chez lui non sans quelque rébellion. Jusque-là il le condamnait à coucher dans l'antichambre; ce soir-là, il le fit coucher sur son lit.

Le lendemain, dès le point du jour, il partit pour Versailles avec Thermidor.

Il se disait que les prisonniers de marque se masquent tous par un faux nom; mais en traversant toutes les salles et tous les camps avec Thermidor, il était sûr d'y découvrir Cœur-de-Lion s'il était prisonnier.

Après le voyage à Versailles, il lui restait encore la ressource des hôpitaux et des ambulances où l'on avait recueilli les blessés.

Pendant cette chasse à l'homme, dont vous voyez ici tous les incidents à vol d'oiseau, nous allons, si vous voulez, prendre un chemin de traverse.

Nous trouverons d'abord Angéline Duportail sur le chemin de son Calvaire.

Dieu pardonne aux pécheresses,

C'est une vérité trop rebattue, Dieu ne leur pardonne qu'après leur avoir fait porter leur croix.

Il n'y aura pas de rédemption, s'il n'y a pas eu de Golgotha.

VII.

OU CARNAVAL REPARAÎT SUR LA SCÈNE.

> Quand je serai mort, je n'aurai pas encore dit mon dernier mot.
> LESAGE.
>
> La vie est un fil que Dieu tient par les deux bouts et qu'il nous donne à retordre.
> OCTAVE DE PARISIS.

Angéline Duportail, toute souffrante qu'elle fût, avait été conduite à Versailles le lendemain de son arrestation, après une horrible nuit passée à la Conciergerie.

Elle était en compagnie de quelques femmes de mauvaise vie, accusées de pétrolisme.

Elle causa avec elles dans un sentiment de charité chrétienne, curieuse d'ailleurs de savoir comment tant de femmes avaient été entraînées dans cette orgie révolutionnaire.

Elle aperçut seulement alors l'abîme qui la séparait de toutes ces créatures; elle ne s'en reconnut que plus coupable et elle jura non-seulement de ne pas se défendre, mais de s'accuser devant les juges.

Elle ne passa qu'une heure à la Prévôté pour un premier interrogatoire.

De là elle fut conduite à Satory, où on lui donna la même chambre qu'à Mme Millière, dans le premier pavillon.

Elles se connaissaient bien. La ci-devant baronne se faisait chausser par le père de Mme Millière, un cordonnier philosophe qui avait voulu que ses filles fussent toutes institutrices, dans sa haine de l'ignorance.

— Pourquoi êtes-vous ici? dit Angéline à la jeune veuve, qui ne savait pas la mort de son mari.

— Je n'en sais rien, répondit Mme Millière. Pour vous, je ne vous le demande pas.

— Moi, je suis aussi coupable que vous êtes innocente.

Un matin que j'allais à Satory, pour demander la liberté des deux fils de Pollet, un graveur mort à la peine avec un riche burin, je demeurai d'abord plus d'une demi-heure à la porte, sous prétexte qu'il y avait une révolte parmi les prisonniers.

On sait que les hommes étaient pêle-mêle dans

les cours, exposés aux injures de la nuit et aux coups de soleil.

Les femmes étaient abritées. On les avait mises dans les pavillons.

Pendant que j'étais à la porte, toutes étaient aux fenêtres. Je reconnus du même coup Mme Millière et Angéline Duportail, qui se penchaient pour voir la révolte.

Quelques hommes, sous prétexte de se quereller, s'étaient poursuivis et avaient tenté de franchir le mur d'enceinte, mais quoique les autres prisonniers ne songeassent pas à les trahir, les soldats de garde arrivèrent à temps.

Quelques coups de feu éclatèrent. Un des fuyards tomba blessé, les autres se tinrent cois.

L'émotion fut grande dans tout Satory. On disait que quelques communeux avaient réussi à s'échapper. Une heure après, l'émotion avait gagné Versailles ; on parlait de plus de cinquante prisonniers en fuite ; le soir à Paris c'était bien mieux : les prisonniers étaient maîtres du camp.

Je finis par entrer ; j'avais un sauf-conduit, non pas pour délivrer encore les deux jeunes gens, mais pour les amener à Versailles, où leur liberté m'avait été promise, après un simple interrogatoire. Je les trouvai tous les deux pâles, tristes, affamés : le premier portant fièrement une belle tête de Grec antique; le second, vraie tête française à lignes brisées, où l'émotion se traduit plus rapide. Les deux pauvres enfants avaient failli être mis en pièce à Paris, pendant la Commune, comme réfractaires. Un membre de la Commune, qui heureusement passait au moment de l'exécution, avait signé leur grâce. Mais à l'entrée des troupes, ils s'étaient montrés trop curieux, on les avait pris dans toute une cohue.

Grâce à l'émotion produite par la tentative d'évasion, un des prisonniers, qui était vêtu avec la régularité studieuse des notaires d'il y a vingt ans, se mêla sans façon à quelques magistrats, à quelques médecins et à quelques journalistes qui formaient un groupe au milieu de la cour.

Un profond observateur aurait reconnu en cet homme je ne sais quelle nuance de comédie et de métamorphose.

Il fut tout de suite sympathique aux hommes du groupe parce qu'il eut l'esprit de bien écouter et de donner raison à tout le monde par ses regards et son sourire.

Cet homme, c'était Carnaval. Il avait eu l'art,

lui qui était un géant, d'en rabattre beaucoup de sa taille. Il n'était pas plus grand que les autres, tant il se croisait les jambes, tant il se mettait la tête sur l'estomac.

Un délégué de la justice annonça qu'il allait emmener à Versailles Mme Millière, qui devait être encore une fois interrogée à la Prévôté.

Carnaval paya d'audace pour en venir à ses fins.

Il avait mis dans sa tête qu'il délivrerait Angéline Duportail.

Depuis le matin il l'avait aperçue à la fenêtre du pavillon; il s'était résigné jusque-là à la captivité; mais il ne voulait pas souffrir que cette belle Amazone, qui avait été — selon son expression — sa déesse pendant la Commune, fût soumise aux misères de la prison.

Dès qu'il l'avait vue, il avait juré de la délivrer, coûte que coûte, dût-il payer pour elle et pour lui.

Carnaval était presque un comédien; il n'avait guère joué que les comparses à Montmartre et à Belleville, parce que les directeurs n'avaient pas eu confiance en lui; mais s'il fût tombé dans les mains d'un directeur prime-sautier, il fût devenu un comédien original de la grande famille des excentriques, comme Frédérick-Lemaître et Bache, pour ne montrer que les deux extrêmes.

Il n'en avait pas moins l'art de s'habiller et de se grimer comme le plus malin des comiques.

Il avait, depuis le matin, fait une quête tout autour de lui, pour arriver à se revêtir d'un costume qui pût lui permettre, selon son expression, de jouer un tour de son métier à ses geôliers d'occasion.

Il amusait tous ses compagnons d'infortune. Victor Laluyé lui avait donné quelques louis à leur première rencontre.

D'autres prisonniers avaient pu emporter une redingote et un paletot.

On prêta un paletot à Carnaval. On lui donna un foulard blanc; il n'était pas de son chef trop mal chaussé; il ne lui manquait qu'un chapeau haute forme : ce fut Victor Laluyé qui le lui donna.

C'est dans cet accoutrement, porté avec quelque désinvolture et quelque dignité, qu'il parvint à se mêler aux médecins, aux journalistes et aux magistrats.

Or, quand le délégué de la justice se détacha du groupe pour aller chercher Mme Millière, il le suivit résolûment, mais à quelque distance, pour ne pas être interpellé. Toutefois, il emboîtait le même pas, afin qu'on ne doutât point qu'il ne remplît une mission semblable.

Tout en montant l'escalier, son cœur battait; s'il n'allait pas réussir, il compromettrait la prisonnière.

Avant d'entrer, il leva la tête et fit un signe d'intelligence à Angéline Duportail, qui était toujours à la fenêtre avec Mme Millière.

Elle comprit. Aussi dès que le délégué de la justice eut ouvert la porte de la chambre, elle s'avança vers le corridor, pendant que cet homme s'avançait vers Mme Millière.

— Où allez-vous, madame? lui dit le magistrat d'un air d'inquisition.

— Je vais chez moi, répondit Angéline Duportail avec une parfaite sérénité.

Le magistrat pensa qu'elle n'était qu'en voisine dans la chambre occupée par Mme Millière.

Dès qu'elle eut dépassé le seuil de la porte, Carnaval, qui arrivait au haut de l'escalier, l'appela de la main : elle obéit dans l'espérance que Carnaval allait lui donner des nouvelles d'Adolphe Ducharme.

— Venez, venez, lui dit Carnaval.

Il comprenait qu'il n'y avait pas une seconde à perdre.

Quand Angéline fut près de Carnaval, il s'avança devant elle pour lui servir de paravent.

— Montons plus haut, lui dit-il; tout à l'heure nous descendrons à la suite de l'homme noir et de Mme Millière.

Angéline Duportail obéit encore ; Carnaval avait bien raisonné ; en effet, le magistrat reparut bientôt dans le corridor, emmenant l'autre prisonnière.

Dès qu'il fut au bas de l'escalier, Carnaval jugea qu'il était temps de descendre.

La grille est contre le pavillon ; le grand art était de franchir la grille, non pas en même temps que ceux qui les précédaient, parce que le magistrat aurait pu s'étonner, mais de les suivre d'assez près pour que les soldats de garde pussent croire qu'ils marchaient ensemble en vertu des mêmes pouvoirs.

On se demande toujours comment les prisonniers peuvent s'échapper ; moi je me demande comment ils restent si longtemps en prison : le meilleur geôlier a ses heures de distraction ; il voit passer tant de figures dans une journée qu'il finit par confondre toutes les figures, d'autant que son esprit n'est pas toujours là. Un geôlier n'est pas précisément un diplomate; nul ne se laisse mieux prendre aux comédies bien jouées comme celle de Mme de Lavalette et de Louis-Napoléon.

Carnaval passa la grille en imitant, geste pour geste, l'allure du magistrat; la sentinelle faillit lui présenter les armes, tant il avait bon air.

Le délégué de la justice était déjà monté dans une voiture; Carnaval voulut faire comme lui; mais le second cocher lui dit :

— Vous vous trompez, bourgeois, c'est la voiture de M. Alexandre Dumas fils.

— Où donc est ma voiture? demanda tout haut Carnaval, comme s'il fût venu une demi-heure auparavant.

— Voilà! voilà! dit un cocher qui n'était pas gardé.

Carnaval ne se fit pas prier.

Cinq minutes après, la voiture prenait le chemin de Versailles.

— N'allons pas par là, dit Angéline Duportail, nous serions repris.

— Ne craignez rien. C'est précisément à Versailles que nous ne courons aucun danger, parce que c'est la seule ville de France où les communeux ne se hasardent pas.

— Du reste, dit Angéline, je dois vous avertir que j'ai brisé avec le passé, depuis les incendies des pétroleuses et les assassinats des otages.

— Et moi donc, s'écria Carnaval, si jamais on me reprend à ces orgies-là, c'est qu'on viendra me chercher à Bicêtre! Le monde est trop bête pour qu'on se fasse mourir pour lui.

Angéline Duportail montra le ciel comme si elle le connût encore.

— Voyez-vous, Carnaval, il y a là-haut, dans ces nuages, une main cachée qui mène le monde. Ceux qui vont au mal finiront par aller au bien. Tous les chemins mènent à Dieu, parce que sur les mauvais on trouve l'expiation.

Quand on fut en bas de la rue de Satory, le cocher demanda où il fallait aller.

— A gauche, à l'hôtel de la Chasse, répondit l'Amazone.

C'est le vieil hôtel de Versailles. Il est dans les demi-teintes; les bruyants et les chercheurs ne vont pas là. Angéline Duportail jugea qu'elle pourrait s'y cacher comme dans les montagnes de la Suisse.

Quand elle descendit de voiture, on lui demanda si elle voulait une chambre à deux lits.

— Non, dit gravement Carnaval, deux chambres à un lit.

Et pour se donner un passe-port, puisqu'il n'en avait pas, il demanda l'adresse du curé de la paroisse.

Comme Angéline montait l'escalier, un vieil escalier qui a son caractère, une très-jolie fille le descendait quatre à quatre. C'était Diane Ducharme.

Elles se connaissaient bien, mais elles ne s'étaient jamais parlé.

Elles s'arrêtèrent l'une l'autre avec un battement de cœur.

— Et mon frère? dit Diane.

— Chut! murmura Angéline.

Et voyant qu'on ne l'écoutait pas :

— Nous sauverons votre frère, mais sauvez-moi. Il me faut une perruque blonde, une robe écossaise et un chapeau fané. A partir d'aujourd'hui je m'appelle miss Emerson.

Elle avait parlé bas; elle se mit à parler tout haut anglais, le véritable anglais de Londres.

VIII.

POURQUOI THERMIDOR SE SÉPARE DE L'HOMME ANONYME.

> Avant d'aller au feu, les fédérés avaient appris le jeu de cache-cache. Savoir battre en retraite, c'est le premier point.
> *Club de l'Homme-Armé.*
>
> Ne criez pas au voleur si vous ne connaissez pas le volé.
> *Proverbe normand.*

Cependant qu'était devenu Adolphe Ducharme ? Il était resté quelque temps à l'hôpital Beaujon, sans que nul songeât à le recommander au prône parmi ceux qui lui donnaient des soins.

La France est le pays où on respecte le plus son ennemi ; dès qu'il est désarmé c'est un homme, et il reprend les droits de l'homme.

Le second jour, pendant qu'Adolphe Ducharme souffrait mille morts dans la première fièvre de ses blessures, un colonel, qui venait faire une visite à l'hôpital pour encourager ses soldats blessés, demanda s'il y avait des insurgés parmi eux.

— Trois ou quatre, répondit-on, mais il n'y en a qu'un seul qui soit digne de curiosité; il est là dans une chambre à part; c'était un chef de légion.

— Est-ce que la police sait cela?

— Sans doute, mais ce n'est pas notre affaire.

— Voyons donc ce monsieur-là?

Et le colonel, suivant l'interne, entra sans se faire annoncer dans la chambre où était Adolphe Ducharme. Il le surprit qui se débattait dans les tortures.

Mais dès que le blessé vit la figure d'un officier de l'armée, il se contint et joua la sérénité.

— Vous souffrez beaucoup, monsieur? dit l'officier.

— Oui, *monsieur*, répondit l'autre colonel.

— Puis-je faire quelque chose pour vous?

— Oui : vous en aller.

Le vrai colonel sortit en souriant; c'était un philosophe; il dit à l'interne :

— Cet homme a raison; la vue d'un soldat n'est pas un baume sur ses blessures. Il me dit de m'en aller, je m'en vais, parce que ce serait lâche de rester devant ce moribond.

— Pas tant moribond que cela; il veut mourir, mais aucune de ses blessures n'est mortelle. Encore cent kilos de glace et la fièvre tombera.

La fièvre tomba.

Dès qu'Adolphe Ducharme se sentit revivre, il n'eut qu'une idée : s'échapper de cet hôpital, qui était pour lui l'antichambre de la prison, sinon l'antichambre de la mort; mais il savait qu'on avait l'œil sur lui.

On lui avait permis de voir sa mère.

Sa mère avait-elle lu l'histoire de Mme de Lavalette sauvant son mari? Ce qui est certain, c'est qu'un soir on trouva la mère éplorée dans le lit de son fils.

Adolphe Ducharme s'en était allé dans la robe et le manteau de sa mère, avec un mouchoir sur sa figure, comme une femme désolée.

Voilà pourquoi, quand Hobard se présenta avec Thermidor à l'hospice Beaujon, le colonel des fédérés n'y était déjà plus.

Thermidor s'était arrêté avec émotion à la porte de la chambre où son maître avait souffert trois ou quatre nuits; mais la chambre était alors occupée par un lieutenant de la ligne. Il n'y avait pas de doute possible : Hobard apprit la pieuse comédie jouée par la mère.

Il s'étonna que cette femme n'eût pas été arrêtée.

— Chacun son métier, dit l'interne : ici nous sauvons les gens.

Naturellement, Hobard se présenta chez la mère, dont il eut bien quelque peine à trouver la maison, car, on le sait, il y avait peu de temps qu'elle était à Paris.

Thermidor n'était guère allé rue Saint-Lazare, mais il avait accompagné Marguerite à Versailles. On se souvient que le colonel l'avait donné ce jour-là comme chien de garde à sa sœur. Aussi Thermidor ne fit-il de caresses qu'à la jeune fille.

Mais comme son maître n'était pas là, il se coucha tristement.

— Mon homme n'est pas ici, dit Hobard.

Il lui restait la ressource d'interroger la mère et la sœur.

Mme Ducharme répondit à toutes ses questions avec une froide dignité; il eut beau la menacer d'une arrestation, elle lui dit qu'elle était prête à tout, puisque le malheur avait pris domicile chez elle; mais elle ne dit rien qui pût montrer la route à l'homme anonyme.

Cependant Hobard cherchait toujours.

Il était allé trois ou quatre fois encore rue des Abbesses, rue Saint-Lazare et rue de l'Arcade, rôdant çà et là, dans l'idée que Cœur-de-Lion devait tenter de rentrer chez lui ou d'aller chez sa maîtresse; mais il ne le rencontra pas. Ce fut en vain qu'il questionna de toutes parts. Où pouvait donc se cacher Adolphe Ducharme?

Au moment où il ne le cherchait pas, il le rencontra.

Hobard passait rue du Faubourg-Saint-Honoré, près de Saint-Philippe-du-Roule.

Il vit de loin un prêtre qui descendait lestement les marches de l'église et se jetait dans une citadine arrêtée devant le portail.

Mais le cocher ne parut pas si pressé que le prêtre; il prit tout son temps pour se remettre en route : si bien que Hobard eut le temps d'arriver jusqu'auprès de la citadine, au moment où elle partait.

A première vue, Hobard ne prit point trop garde au curé, tant celui-ci semblait occupé dans son bréviaire. Il pensa que c'était un prêtre qui ne lui parut pas être de la paroisse.

Il allait passer outre, quand Thermidor se précipita vers la citadine en aboyant, au risque de se faire rouer, car le cheval était parti au grand trot.

— Il y a là quelque chose ! dit Hobard.

Il cria au cocher d'arrêter ; mais celui-ci le regarda d'un air railleur, comme font tous ces messieurs, depuis que la guerre et la Commune leur ont donné des priviléges.

Hobard était donc forcé de courir.

Le chien risquait toujours de se faire rouer.

Quelle ne fut pas la surprise de Hobard, quand tout à coup la portière s'entr'ouvrant, le chien disparut dans la citadine.

Hobard courait à perdre haleine ; mais le cocher faisait claquer vertement son fouet.

Le cheval avait pris par la rue de Morny — vieux style. — Par malheur pour Hobard l'omnibus de Chaillot lui fit perdre quelques secondes précieuses ; vainement criait-il à tue-tête : Au voleur !

C'est un cri qui ne fait plus d'effet à Paris.

Chacun allait à ses affaires, sans se soucier des cris de Hobard.

Arrivé à la rue de Ponthieu, le cocher tourna bride et prit bientôt la rue du Colysée, où Hobard ne vit plus la citadine.

On peindrait mal la colère de l'homme anonyme : avoir presque mis la main sur Cœur-de-Lion, ne pouvoir le saisir et perdre Thermidor, peut-être pour ne plus le retrouver !

Si Hobard n'eût porté perruque, il se fût arraché les cheveux.

IX.

LES TOMBEAUX.

> Pour apprendre à vivre, va consulter les morts.
> THALÈS.

> Ne vois-tu pas le doigt de Dieu sur ta figure comme tu vois le pouce du grand artiste sur sa statue ?
> OCTAVE DE PARISIS.

Si Cœur-de-Lion et Thermidor se jetèrent dans les bras l'un de l'autre, vous n'en doutez pas!

Ce fut une vraie fête d'amitié, où l'homme se fit chien, où le chien se fit homme.

Où alla Adolphe Ducharme? Sa première inspiration fut de se faire conduire à Passy, où il espérait se cacher chez une vieille maîtresse.

Mais l'aveugle curiosité le décida à se hasarder rue de Ménilmontant, où il espérait trouver un de ses amis, un armurier qui, ayant joué le jeu de la Commune et le jeu de Versailles, ne devait pas être inquiété.

Toutefois, il jugea qu'il était imprudent de garder son chien.

— Pauvre Thermidor, dit-il en l'embrassant encore, je n'ai plus qu'un ami sérieux, c'est toi : il me faut te sacrifier.

Que faire de son chien? le garder. C'était doux, mais Thermidor pouvait le trahir : les curés n'ont pas de chien.

Il donna l'ordre au cocher de le conduire rue des Abbesses.

Quand il fut presque devant sa porte, il embrassa encore Thermidor et le jeta sur le pavé, en lui faisant un signe impératif de rentrer dans la maison, mais de ne pas le suivre.

Thermidor, qui était l'intelligence même, comprit et se résigna; il regarda la citadine s'éloigner. Espérait-il voir reparaître son maître? Une grande expression de tristesse avait abattu ses oreilles, ses lèvres et sa queue.

L'armurier ne reconnut pas le colonel des fédérés sous sa soutane et son tricorne. Ducharme avait perdu, avec sa barbe, son prestige militaire.

Il se fût donné à lui-même le bon Dieu sans confession, tant il avait l'air d'un bon apôtre.

Il paya sa voiture et demanda l'hospitalité au moins pour une nuit, ce qui lui fut très-gracieusement accordé.

Mais quand il eut passé une heure dans la famille de l'armurier, il voulut prendre l'air.

Il proposa d'aller faire un tour au Père-Lachaise, comme on va faire un tour aux Champs-Élysées, ou plutôt pour se retrouver plus près du drame sanglant de la Commune à son dernier combat, comme si les tombes du Père-Lachaise allaient lui parler.

Il y entra dévotement avec son ami et son bréviaire, tout en faisant le signe de la croix.

L'aspect de la place avait bien changé depuis huit jours. Où étaient ces fières physionomies qui faisaient trembler les vivants et les morts? ces intrépides fédérés qui se croyaient maîtres de Paris et du monde, sinon de Versailles? Les cabarets n'étaient plus bruyants, les enfants ne jouaient plus au soldat.

Les vaillants soldats de la marine effaçaient, par leur attitude martiale et souriante à la fois, les crimes qui avaient souillé les deux prisons.

Adolphe Ducharme et son ami s'avançaient en causant. Ils franchirent le seuil du cimetière. Ils

montèrent vers la chapelle, jetant un coup d'œil
à droite et à gauche sur les tombes illustres de
l'avenue : Visconti, de Musset, Baroche, Fould,
Troplong, Saint-Arnaud.

— Tous les chenapans de l'empire, dit le colonel des fédérés, dorment là ; ils n'ont pas oublié
de se bâtir des maisons de marbre.

Un ancien sergent de ville, habillé en bourgeois
et qui avait gardé le respect des choses du passé,
cligna des yeux ; il jugea que ce prêtre, qui jugeait
si lestement ses contemporains, ne devait être
qu'un chenapan lui-même. Il se retourna et fit
signe à un de ses camarades qui était resté en
sentinelle à la grille pour interroger tous les promeneurs.

Mais le colonel des fédérés vit bien qu'il avait
éveillé l'attention d'un homme de mine douteuse ;
il marcha plus vite, tout en disant à l'armurier
qu'il voudrait bien voir la tombe d'un ami sur les
hauteurs.

Quand il fut à la chapelle, il remarqua, en se
retournant à demi, que l'homme en question était
rejoint par celui qui s'était tenu à la grille. Il n'y
avait plus de doute, ces deux hommes avaient
les yeux sur lui ; en quelques minutes il pouvait

être cerné et arrêté. Il dit quelques mots à son ami et s'éloigna en toute hâte à travers les monuments.

Il était temps, en effet. Des hommes étaient sortis de dessous terre sur un coup de sifflet. Toute une escouade se mit à sa poursuite.

L'armurier alla droit au sergent de ville et lui parla de sa voix la plus douce.

— Est-ce que vous cherchez monsieur le curé? Il va revenir; il m'a dit de l'attendre là; il est allé prier sur la tombe d'un de ses amis.

— Je vous connais bien, répondit le sergent de ville. Vous êtes un armurier et vous voudriez me désarmer.

Et se tournant vers ses hommes :

— Au nom de la loi, arrêtez-moi cet homme, dit le sergent de ville, en indiquant l'armurier.

— Moi? s'écria l'ami de Cœur-de-Lion ; vous ne savez pas ce que vous dites ni ce que vous faites.

Il prit dans sa poche une lettre de la préfecture de police, où il était question de ses bons offices pour le gouvernement de Versailles.

— Alors, dit le sergent de ville, pourquoi protégez-vous cet homme habillé en prêtre?

— Je ne le protége pas ; il est venu chez moi avec la recommandation d'un de mes amis de province ; il sollicite je ne sais quoi à Paris.

— La place de l'archevêque ? dit le sergent de ville.

A cette question du sergent de ville : « La place de l'archevêque, » l'armurier répondit sans s'émouvoir :

— Pourquoi pas ?

— Eh bien, nous allons toujours le mettre sous clef, après quoi nous verrons. Nous connaissons les allures du citoyen Ranc et de ses pareils ; on s'habille en prêtre pour avoir droit d'asile partout; mais nous ne sommes pas des paroissiens à nous laisser mettre dedans.

— Eh bien, mettez-le dedans, si vous voulez. Prenez garde pourtant : avec ce beau zèle vous finirez par vous arrêter vous-même.

L'armurier était content d'avoir arrêté l'escouade dans sa marche ; son ami Ducharme avait eu le temps de gagner du terrain ; il pourrait ainsi, en moins de quelques minutes, sauter par-dessus les murs et s'échapper par la campagne. Il était homme à ne pas se laisser arrêter dans sa course par de simples gardiens du cimetière.

Le sergent de ville et ses camarades eurent beau faire l'éventail en s'élançant à la poursuite d'Adolphe Ducharme, ils ne le trouvèrent pas. On fit une battue dans tout le cimetière ; on jugea qu'il s'était sauvé.

L'armurier l'attendit toute la soirée, croyant bien le voir revenir ; mais il ne revint pas.

— C'est égal, dit l'armurier à sa femme, je ne suis pas fâché de ne pas lui donner l'hospitalité. C'est dans ces jours de révolution qu'il faut dire : Chacun pour soi, chacun chez soi.

Où était Adolphe Ducharme? Il avait jugé qu'il ne serait pas de force à lutter à la course. Tout en s'égarant dans les méandres des tombeaux, il avisa un monument gothique tout assombri par deux cyprès.

— Voilà mon refuge, dit-il.

La porte était restée ouverte, comme pour l'engager à s'y cacher. C'était un monument ancien déjà, mais où on avait déposé une morte quelques jours auparavant. Les ouvriers avaient replacé la pierre sans la sceller; ils devaient y revenir; mais la semaine infernale les avait cloîtrés chez eux ou jetés dans l'insurrection.

Adolphe Ducharme se glissa dans l'intérieur et

ferma la porte de fer, se promettant bien de ne pas s'éterniser dans cette hospitalité trop écossaise. Il était là, respirant à peine, écoutant de toute oreille, comprenant bien, par les cris et les sifflements, qu'on était à sa poursuite.

Un des hommes de l'escouade passa contre la tombe moins d'une minute après qu'il eut fermé la porte ; c'était le soir, l'ombre tombait déjà, il eût été impossible de le voir s'effaçant dans l'angle, comme une fresque sombre ou comme une statue de pierre.

Le chercheur s'éloigna ; Adolphe Ducharme pensa qu'on ne reviendrait pas du même côté ; mais il n'était pas temps encore de sortir de là. Il chercha à se familiariser avec son gîte. On jugera de sa surprise et de son effroi, quand il lut cette épitaphe sur la paroi du mur :

CI-GÎT

DAME ÉMILIE-CHARLOTTE

COMTESSE DE VOLNAY, NÉE DE VILLIERS

Sur l'autre paroi il lut :

CI-GÎT

CHARLES - GODEFROY

COMTE DE VOLNAY

Était-il dans le tombeau de Mlle Blanche de Volnay, enterrée quinze jours auparavant ?

Il frissonna, et tomba agenouillé, obéissant à une volonté plus forte que la sienne.

— Oui, dit-il, avec un serrement de cœur qui lui fit les lèvres blanches, voilà l'épitaphe de son père et de sa mère. Pauvre fille !

Il voulait ajouter :

— Pourquoi aussi son frère m'a-t-il pris ma sœur ?

Mais cette pensée passa rapide sans qu'il eût le temps de la formuler. Il aima mieux, d'ailleurs, s'accuser ; il se frappa trois fois la poitrine.

Un peu plus, il eût daigné reconnaître le doigt de Dieu. Jamais la vengeance divine n'avait frappé plus fatalement un homme.

Mais comment reconnaître le doigt de Dieu quand on ne reconnaît pas Dieu ?

X.

LES REVENANTS.

> N'attends pas que ta conscience soit morte pour lui demander conseil.
>
> Socrate.

Peu à peu le silence se fit autour de la petite chapelle-gothique; la nuit l'enveloppa. Adolphe Ducharme se sentit dans un suaire glacial. Il jugea que le moment était venu de rouvrir la porte et de se hasarder hors du cimetière, quelle que fût l'issue.

Mais c'est en vain qu'il voulut ouvrir cette porte. Le bouton intérieur était cassé; à l'extérieur, il n'y avait point de clef; il lui fut impossible de repousser ni de briser la serrure. Il attendit encore, se promettant de forcer la porte un peu plus avant dans la nuit.

Nuit horrible, nuit noire. Pas une étoile au ciel,

pas un rayon dans son âme; cette fois, Adolphe Ducharme eut horreur de lui-même.

Qu'avait-il fait de sa vie? Quelle belle action le consolait de toutes ses déchéances? N'avait-il pas trahi tous ses devoirs de fils et de frère? Au lieu de préparer à grand fracas sa vengeance mélodramatique, n'eût-il pas mieux fait de veiller sur sa sœur, de demeurer fidèle à la maison, d'être le gardien respectueux des vertus de la famille? Puisque son père était mort, ne devait-il pas garder la tradition paternelle? Qu'avait-il fait de ce nom respecté? Que pouvait-il espérer, lui qui n'avait semé que le mal? car il ne s'aveuglait pas sur ces grands mots de *patrie* et de *liberté*, qui sont le drapeau de tant d'enfants perdus, qui ne croient ni à la Liberté ni à la Patrie!

Il avait eu ses heures d'enthousiasme; mais au fond qu'avait-il cherché dans la guerre contre les Prussiens et dans la guerre civile? Le bruit, l'appât d'être capitaine, d'être colonel, d'être général, sans avoir laborieusement ou courageusement traversé l'étude ou la bataille.

Toutes ces idées venaient l'assaillir. Il s'humiliait dans ce tombeau, où sa vanité — toujours sa vanité — avait enseveli une jeune fille.

A peine si l'image de sa mère passait dans l'ombre pour le réconforter, car il ne se sentait plus ni cœur ni âme. Sa mère lui avait toujours tout pardonné : c'est le privilége des enfants prodigues.

Une autre figure passait dans son imagination : c'était Angéline Duportail.

Un vrai contraste à la figure de sa mère. Il avait aimé sa maîtresse, — il l'avait haïe, — il l'aimait encore ; — le boulet des mauvaises passions était rivé à leur cœur et à leurs pieds. Ils étaient liés à la vie — à la mort.

Combien de trahisons dans cet amour ! c'était à qui en compterait le plus. Mais ils avaient eu beau faire, ils s'étaient toujours repris avec plus de fureur.

Il y a une belle légende : un serpent est coupé en sept par l'archange : ce sont les sept péchés capitaux. Le démon passe et les rapproche en disant : « Les sept péchés capitaux n'en font qu'un. » Cette légende, c'est l'histoire de ces amours forcenés, que rien ne peut couper, parce que le démon les protége.

Et pourtant, faut-il le dire? entre cette mère trop bonne, cette mère qui n'avait jamais eu que des faiblesses, et cette maîtresse qui n'avait jamais eu que des trahisons, il eût choisi alors la maîtresse, avant de mourir : — Cours à celle que tu aimes le plus !

Cependant il était toujours là, respirant l'odeur du sépulcre ; ses regards ne pouvaient traverser la nuit ; son oreille ne pouvait écouter l'heure. Les cyprès frissonnaient au vent.

De loin en loin, il entendait la ronde des gardiens.

Dans son effroi de la solitude, plus d'une fois il eut la pensée d'appeler et de se faire ouvrir, sauf à tenter une autre évasion. Mais il espérait toujours jeter la porte hors des gonds. Il n'y réussit pas.

Il craignit de renverser toute la chapelle des Volnay.

Il lui sembla que ce serait un sacrilége. Battu et brisé par les émotions, il finit par s'assoupir en se penchant sur l'autel, la tête dans les mains ; mais il n'échappa à ces visions que pour être assailli par de plus terribles.

Tous les morts sortaient de leurs tombes, et jouaient sous ses yeux à la guerre civile.

Il vit s'agiter tous les révolutionnaires fameux :

Danton, Saint-Just, Robespierre, tous les montagnards, les uns armés d'une petite guillotine, les autres d'une petite mitrailleuse.

— Quoi ! leur dit-il, même au delà du tombeau !

— Oui, lui répondait Saint-Just. Nous avons dit dans notre temps qu'il n'y avait pour les hommes de la Révolution de repos que dans la tombe; mais nous sommes condamnés à frapper les morts comme nous frappions les vivants.

Et c'était un horrible carnage parmi tous ces squelettes, qui finissaient par se jeter leurs bras et leurs jambes à la tête.

Et à cet horrible rêve succédait un autre rêve non moins horrible. Il revoyait, avec l'étrange réalisme des images du songe, tous ses convives du festin de l'Élysée, — une seconde édition plus saisissante ; — il entrait avec Blanche de Volnay, il lui faisait signe de s'asseoir à côté de lui.

Il recommençait ce récit romanesque, où il voulait faire revivre la peine du talion : « Tu as déshonoré ma sœur, je vais déshonorer la tienne. »

XI.

LE MATIN.

> Les songes, sombres nuées que disperse le soleil de la raison.
>
> GŒTHE.

Dans ce tombeau des Volnay où Adolphe Ducharme était fatalement emprisonné, il subissait toutes les frayeurs du rêve. Il revoyait Mlle Blanche de Volnay saisissant un couteau et se frappant au sein, comme pour braver sa forfaiture.

Il la revoyait tombant tout ensanglantée.

Il était épouvanté lui-même de sa vengeance, et il se réveillait plus épouvanté encore de se retrouver seul dans le tombeau des Volnay.

Quand il s'éveilla tout à fait, une légère teinte bleue et rose pénétrait dans la chapelle; c'était l'aurore.

— Enfin! dit-il.

Il se secoua comme s'il sentait sur lui un linceul.

Grâce à la lumière, il parvint enfin à rouvrir la porte, en poussant la serrure avec la pointe d'un poignard, un bijou qu'il avait pris à Angéline Duportail, sous prétexte qu'elle ne voulait pas lui en dire l'origine.

Mais quand la porte fut ouverte, il la referma encore, jugeant qu'il allait se jeter dans la gueule du loup. Il résolut d'attendre l'heure des enterrements.

Le jour avait rasséréné son cœur. Il mourait de faim, il mourait de soif; la fièvre lui brûlait le front. Il sortit sa main, cassa une branche de rosier de la tombe voisine, et huma avec avidité la rosée qui roulait sur la fleur. Étrange déjeuner pour un insurgé qui n'avait pas dîné la veille!

La chapelle de la famille de Volnay n'est pas sur un chemin, elle est perdue dans les sentiers. Mais en regardant par un vitrail, Adolphe Ducharme vit du haut de la montée le *Rond-point Casimir Périer*.

Vers huit heures, un premier enterrement, troisième classe, trois voitures de deuil, s'arrêta devant la statue.

Le prisonnier d'aventure vit défiler beaucoup de monde. Il pensa que c'était le moment ou jamais de rentrer dans la vie.

Il reprit sa figure de saint homme et vint se mêler presque invisiblement à la foule.

On ne douta pas qu'il ne fût de la famille ; nul ne songea à s'inquiéter de la couleur de ses prières.

Dès que le mort fut enterré, il fut un des premiers à monter dans une voiture de deuil. Ce fut ainsi qu'il sortit du Père-Lachaise, tout pâle encore des visions de la nuit, tout effrayé d'avoir trouvé l'hospitalité dans la dernière demeure des Volnay.

— Pauvre enfant ! dit-il en pensant à cette jeune fille qui était morte si fièrement dans sa vertu.

Il se souvint de sa sœur Diane :

— C'est celle-là, qui aurait dû mourir comme Blanche ! Les révolutions ne seront bonnes que lorsque les filles du peuple donneront l'exemple aux filles du monde.

XII.

LE VERTIGE.

> La mort dit à la jeune fille :
> — Viens avec moi dans le monde inconnu.
> Mais la jeune fille dit à la mort :
> — Donne-moi le temps de connaître le monde où je suis.
>
> *Ballade allemande.*

Adolphe Ducharme jugea que la soutane de prêtre ne lui avait pas réussi. Ce qui le métamorphosait, c'était sa barbe en moins bien plutôt qu'un costume d'emprunt quel qu'il soit.

Il rougissait de tant se cacher.

Il se décida à s'habiller comme tout le monde; c'était encore le plus simple et le plus sûr.

Il était homme du monde quand il le voulait, avec toute la désinvolture d'un homme qui a beaucoup vécu avec les femmes.

Il alla s'habiller chez un de ses camarades de Bourse.

— Ne trouves-tu pas, lui dit-il en se regardant, que je ressemble à M. de Walewski, avec ma figure toute nue?

— Tu ressembles aussi à un parfait notaire, mais à un beau notaire qui va faire un contrat de mariage.

— Un contrat de mariage ! moi qui, sans doute, n'ai plus qu'un acte à faire dans ma vie — mon testament.

— Garde-toi bien de faire ton testament, tu n'aurais qu'à me léguer tes dettes.

— Non; mais n'oublie pas que je te lègue mon chien, mon cher Thermidor, à moins que ma mère et ma sœur ne veuillent le garder. J'irai le voir tout à l'heure.

— Je te défends de retourner rue des Abbesses; tu verras que c'est par là que tu seras pris. D'ailleurs, si tu étais sage, tu ne sortirais pas du tout.

— Je veux changer tous les jours de toit — Et puis, tu sais que j'aime mieux la mort que la prison; j'ai toujours vécu dehors; je veux vivre mes derniers jours au soleil.

Quoique Ducharme eût couru un grand risque au Père-Lachaise, il y retourna par une attraction indéfinissable ; il hantait le pays de la mort comme s'il n'avait plus d'autre pays.

Il fut d'ailleurs quelque peu surpris de se retrouver là, car il y était allé sans avoir conscience de ses actions. En se revoyant devant la tombe des Volnay, il finit par lire dans son cœur.

Il fut effrayé du secret qui éclata à ses yeux : il aimait Mlle de Volnay.

— Je l'aime dans la mort, dit-il tristement.

L'amour est un croyant ; tout en courant au péché, il n'oublie pas de faire ses Pâques. Il n'est pas un homme amoureux qui ne sente Dieu autour de lui. Cœur-de-Lion, qui était un athée la veille, se sentit un chrétien jusqu'à faire le signe de la croix devant la tombe des Volnay.

— Blanche ! Blanche ! qu'ai-je fait? murmura-t-il en se frappant le cœur.

Cette fois la chapelle était bien fermée.

Il se promena aux alentours, tout en voyant transparaître devant lui l'image de la jeune fille.

Il pensa alors que toutes ses théories politiques n'étaient que de vaines rêveries de l'orgueil humain.

— La vraie politique, dit-il, c'est une femme qu'on aime, ce sont des enfants dans la maison ;

on aura beau vouloir refaire le monde, il faudra toujours qu'on en revienne à la famille. Dieu a mis sa marque à ce gouvernement fondé sur l'amour et sur le devoir.

Et il songeait combien il eût été heureux dans sa vie s'il eût mérité le cœur d'une adorable créature comme Blanche de Volnay.

— Certes, reprit-il, si une pareille femme eût sanctifié ma maison, je n'aurais jamais voulu brouiller les affaires du gouvernement. Il y aura toujours des maudits dans ce monde : je suis un maudit. Aujourd'hui, les maudits, ce sont les déclassés, c'est-à-dire les hommes en rupture de travail, de dignité, d'abnégation; les impatients qui vendent leur âme pour les joies de leur corps.

Adolphe Ducharme se rappelait la beauté fière et douce à la fois de Mlle Blanche de Volnay.

Mais il ne l'admirait pas seulement à la surface, il admirait en elle ce beau caractère trempé à l'antique. Si elle ne se fût donné vaillamment un coup de couteau pour protester contre un soupçon, il ne l'eût sans doute pas tant admirée. Il était, comme par miracle, revenu aux beaux sentiments de sa première jeunesse, quand il tressaillait aux grandes actions de l'histoire et aux grandes passions des romans.

Comme il errait mélancoliquement parmi les tombeaux, se dérobant contre une chapelle dès qu'il voyait passer un promeneur ou un croque-mort, il vit venir de son côté deux femmes vêtues de noir.

—C'est singulier, dit-il, les voilà qui s'arrêtent devant la tombe des Volnay.

Il eût bien voulu s'approcher, mais par discrétion il se tint à distance.

Les deux femmes en noir étaient deux jeunes filles.

L'une s'appuyait au bras de l'autre. Quoiqu'elle eût un voile, Adolphe Ducharme vit qu'elle était pâle et souffrante.

Tout d'un coup la porte de la chapelle s'ouvrit : les deux jeunes filles disparurent.

Cœur-de-Lion se hasarda vers le vitrail qui dominait le petit autel, comme s'il pût entendre les voix à travers le verre.

Il n'entendit rien. On parlait bas, ou plutôt on ne parlait pas du tout : on priait.

Il pensa que c'était sans doute des amies de Blanche.

—Que ne donnerais-je pas pour les questionner, pour savoir quelque chose de ses derniers moments !

Les jeunes filles sortirent de la chapelle ; mais au lieu de prendre le même chemin, elles suivirent les sentiers.

— Oh ! mon Dieu ! s'écria l'une d'elles.

C'était celle qui était pâle et voilée.

Elle s'appuya sur le bras de son amie et se pencha sur elle comme si elle allait se trouver mal.

— Oh ! mon Dieu ! dit aussi Adolphe Ducharme.

Il avait reconnu Blanche de Volnay.

XIII.

BLANCHE DE VOLNAY.

> La femme est moins cruelle que la destinée, parce qu'elle voit par les yeux du cœur.
> Mme DE STAEL.

Dans son émotion, Blanche de Volnay était tombée agenouillée sur une tombe.

Adolphe Ducharme fit un pas vers la jeune fille comme pour la secourir.

Elle releva la tête.

— C'est lui! dit-elle avec un sentiment de surprise, de dignité et d'effroi.

Adolphe Ducharme s'effaça pour la laisser passer.

Quoiqu'elle ne voulût pas le regarder, elle leva les yeux malgré elle.

On lui avait dit que Cœur-de-Lion avait été tué sur une barricade.

Lui et elle se demandaient en même temps si les morts sortaient de leur tombeau.

Le lieu était bien choisi pour cette funèbre illusion.

Devant la figure si profondément triste, si singulièrement adoucie d'Adolphe Ducharme, Blanche sentit tomber toute son indignation. Elle eût d'abord voulu le foudroyer : elle se sentit foudroyée elle-même.

La femme est ainsi faite, qu'elle est toujours sur le point de se jeter dans les bras de son plus mortel ennemi. C'est que la femme est l'image de la charité, du pardon et de l'amour; elle subit sans le vouloir toutes les révolutions de son cœur. L'homme qui était là avait failli déshonorer Mlle de Volnay par une scène théâtrale; il l'avait condamnée à quinze jours d'agonie; ce n'était que par un miracle qu'elle avait survécu aux deux coups de couteau qu'elle s'était donnés : elle oublia tout pour ne plus voir en cet homme qu'un ennemi désarmé.

Un ennemi désarmé n'est-ce pas l'ami de la femme?

Voilà pourquoi ce regard terrible, qui avait d'abord frappé Cœur-de-Lion, s'était tout d'un coup attendri.

— Viens donc, Blanche, dit avec impatience la compagne de Mlle de Volnay.

Blanche, chancelante, se traîna à la suite de son amie ; mais l'émotion fut trop forte, elle tomba sur le marbre d'un monument.

Adolphe Ducharme se précipita comme s'il voulait la secourir.

— De grâce, monsieur ! dit l'amie, qui avait peur d'une aventure romanesque.

Adolphe Ducharme avait pris la main de la jeune fille. Elle tressaillit et ouvrit les yeux.

— Ma vie en expiation ! dit Adolphe Ducharme avec un profond salut.

— Quel est donc cet homme? demanda l'amie de Blanche.

— Cet homme, c'est mon bourreau.

Adolphe Ducharme entendit ce mot ; il lui sembla que le couteau de Blanche le frappait à son tour en plein cœur.

XIV.

DEUX FEMMES ROMANESQUES.

> La jeune fille est un roman :
> pourquoi lui reprocher d'être
> romanesque.
>
> OCTAVE DE PARISIS.

Adolphe Ducharme ne doutait pas jusque-là que Blanche de Volnay ne fût morte du coup de couteau, sinon le jour même, du moins quelques jours après.

D'ailleurs, n'avait-il pas vu qu'on avait depuis peu soulevé la pierre du caveau de la chapelle?

Le coup de couteau n'avait pas été jusqu'au cœur; le sang avait jailli avec abondance, Blanche s'était évanouie, mais une fois revenue à elle, on jugea bientôt que la blessure n'était pas mortelle.

Si on avait levé la pierre du caveau de la chapelle, ce n'était pas pour elle, c'était pour une sœur de sa mère, qui était venue mourir à Paris et qui avait demandé droit d'asile dans ce Campo-Santo, une de ces tantes provinciales qui n'ont pas grand'chose à faire ici-bas et qui s'en vont sans laisser beaucoup de regrets, parce qu'elles ne tiennent à la famille que de fort loin.

Ce fut donc avec une profonde surprise que le colonel des fédérés reconnut cette belle Blanche de Volnay qu'il avait emprisonnée à l'Élysée pour l'heure de sa vengeance.

Il avait osé l'aimer morte, oserait-il l'aimer vivante?

Non pas qu'il se fût détaché corps et âme d'Angéline Duportail, elle était trop la chair de sa chair, la pensée de sa pensée, pour qu'il ne souffrît pas beaucoup de ne plus la voir; mais l'image de Blanche éveillait en lui je ne sais quel sentiment ineffable qui n'avait jamais hanté son âme.

À son seul souvenir, il se sentait meilleur; son âme, qu'il avait toujours méconnue dans son habitude de vivre terre à terre, l'emportait soudainement dans des régions inespérées; il lui semblait que, par un miracle inattendu, un monde vaguement rêvé lui ouvrait d'autres horizons; il n'aimait pas Mlle de Volnay comme il avait aimé les autres femmes, mais il trouvait une douceur chaste, idéale, divine, à l'aimer ainsi, tant il est vrai que l'homme est né pour son âme et non pour son corps.

Toutes les voluptés qu'il avait savourées avec la ci-devant baronne de Courthuys agitaient encore son cœur par le charme du souvenir, mais il aspirait à des voluptés moins terrestres. Il avait commencé l'amour en soldat, sans les divines émotions du commencement. Il aurait voulu recommencer cette fois; il se fût complu à la préface du livre, sans se hâter de brusquer le dénoûment.

En un mot, lui qui riait de tout, lui qui n'avait montré d'enthousiasme que pour les chimères politiques, il devenait romanesque : c'était Blanche de Volnay qui opérait cette métamorphose.

— Si j'osais l'aimer! disait-il.

Comment oser, en effet? Jamais abîme plus profond n'avait séparé un homme et une femme.

L'amie de Blanche de Volnay se nommait Mlle Marie de Beauséjour; mais comme ces deux noms lui déplaisaient beaucoup, elle s'était rebaptisée à son gré par le nom de Symiane.

C'était une jeune fille romanesque qui avait manqué dix mariages, en disant toujours : « Je ne serai pas plutôt prise que je ne pourrai plus m'amuser de la sotte figure que font les amoureux convoitant ma main et ma dot. »

Aussi se promettait-elle de ne pas se laisser prendre de sitôt.

Elle avait assez de quartiers de noblesse pour se faire chanoinesse comme pis aller.

On sait qu'après le métier de femme veuve bien consolée, il n'en est pas de plus doux que celui de chanoinesse.

La liberté de tout faire, avec des indulgences plénières dans les plis de sa robe.

Mlle Symiane était romanesque pour les autres comme pour elle-même; elle avait veillé son amie avec une vive sollicitude et avec une vive curiosité; elle la trouvait presque heureuse de jouer un rôle forcé dans un pareil drame.

Elle l'admirait dans son courage tout romain, elle se demandait qui lui avait donné une âme si fière, elle espérait bien avoir sa part des émotions futures : elle lui avait juré, quand elle la croyait atteinte mortellement, de ne plus la quitter un instant.

Maintenant qu'elle allait bien, elle vivait avec elle le jour et la nuit; elle lui avait donné son lit, se résignant avec joie à coucher près d'elle sur un canapé jusqu'à l'heure où Blanche serait revenue tout à fait à elle.

J'ai oublié de dire que le jour où le comte de Volnay avait repris du service dans la compagnie des officiers de la mobile, redevenu simple soldat avec l'abnégation du premier grenadier de France, Mlle de Volnay, qu'on jugeait hors de danger, avait été conduite chez Symiane sur la prière de son amie.

Symiane habitait un petit hôtel avenue d'Iéna, au milieu d'un jardin, une vraie retraite pour une malade et une rêveuse.

Les bombes de Montretout venaient jusque-là, mais Symiane n'avait pas peur ; elle croyait à la fatalité.

— S'il n'est pas écrit là-haut que je mourrai d'un éclat d'obus, disait-elle gaiement, ils auront beau me bombarder de Versailles comme de Paris, ils ne m'atteindront pas.

— Tu as raison, lui dit Blanche ; quand nous sommes venues ici, j'ai rencontré la Voyante, elle nous a saluées sans faire le signe de la croix, nous sommes sauvées.

Symiane voulait se moquer un peu de son

amie, mais elle-même avait toutes les superstitions.

Les deux jeunes filles, sous la sauvegarde d'une grand'mère très-rieuse, passèrent les derniers jours du siége sans trop d'anxiété.

Elles s'inquiétaient fort de ne pas avoir de nouvelles de René de Volnay; mais elles auguraient bien de son étoile : il avait toujours été heureux, il leur semblait que la mort ne pouvait pas le prendre dans sa joyeuse jeunesse.

Il leur était revenu en effet sans une égratignure, mais blessé profondément dans sa fierté par le souvenir de ce qu'il appelait l'orgie de l'Élysée.

Jamais homme n'avait puisé dans sa colère une haine plus vivace que celle qu'il ressentait pour Adolphe Ducharme. Il comprenait bien que c'en était fait de lui, soit qu'il fût tué sur une barricade, soit qu'il fût prisonnier; mais n'avait-il pas pu s'échapper? Et puis ce qu'il voulait, ce n'était pas la justice des autres, c'était se venger lui-même.

Les lâches esprits se contentent de dire : « La destinée me vengera; il arrivera malheur à mon ennemi. » Mais tous ceux qui ont l'esprit vaillant se chargent eux-mêmes de leur vengeance.

Le comte de Volnay ne voulait point pardonner, il voulait tenir son ennemi au bout de son épée, et laver dans le sang qu'il ferait jaillir l'insulte faite à sa sœur.

Voilà pourquoi il avait mis en campagne celui qu'on appelait l'homme anonyme.

Blanche et Symiane n'étaient pas sorties une seule fois depuis qu'elles vivaient ensemble avenue d'Iéna.

Quand Paris fut délivré, Blanche demanda à son amie de la conduire au Père-Lachaise : elle voulait remercier son père et sa mère dans leur tombeau d'avoir sauvegardé son frère.

C'est ainsi qu'elle rencontra Adolphe Ducharme.

XV.

COMMENT THERMIDOR RETROUVE SON MAITRE.

> Ce qu'il y a de meilleur dans l'homme, c'est le chien.
> —Diogène.
>
> S'il n'y avait que des chiens sur la terre, il n'y aurait pas d'enfer.
> Rabelais.

Thermidor, tout à sa bonté, tout à sa bravoure, aurait pu faire son examen de conscience, sans se reprocher une seule méchanceté ni une seule lâcheté.

Le pauvre chien était bien malheureux depuis la Commune. S'il « descendait en lui-même, » il ne devait rien comprendre à tous ces va-et-vient de son maître et de ses amis.

Hobard l'avait beaucoup caressé pour en faire une créature à lui; mais la bête n'était pas si bête, elle avait tout de suite flairé un traître dans l'homme anonyme.

Thermidor subissait la loi du plus fort, mais il renfermait ses colères pour la belle occasion. Il savait qu'un jour ou l'autre il marquerait sa vengeance.

Il se soumettait parce qu'il comprenait que c'était encore avec Hobard qu'il retrouverait plus tôt son maître; d'ailleurs, il ne pouvait échapper à cet homme qui le ressaisissait toujours.

Chaque fois que Thermidor avait recouvré sa liberté, il s'était enfui rue des Abbesses. Et c'était toujours rue des Abbesses que Hobard l'avait retrouvé.

Enfin, l'heure de la délivrance allait sonner pour Thermidor : les journaux avaient dit qu'un des chefs de la Commune avait été vu, déguisé en prêtre, dans le cimetière du Père-Lachaise.

Or, le jour même de la rencontre d'Adolphe Ducharme et de Blanche de Volnay, Hobard remontait la rue de la Roquette avec Thermidor, pour aller questionner l'escouade des sergents de ville du boulevard des Amandiers.

Voilà que tout à coup, près de la place de la Roquette, Thermidor, que l'homme anonyme tenait en laisse, lui arrache la chaîne des mains et court à toutes pattes à la rencontre d'un homme qui descendait du cimetière.

Cet homme, c'était Adolphe Ducharme.

Je n'essayerai pas de peindre la joie du chien qui retrouvait une seconde fois son maître.

Il se jeta dans ses bras — littéralement — il n'y a pas d'autres mots.

Cœur-de-Lion, sans s'inquiéter des passants ni de Hobard, qui venait vers lui, pressa tendrement le chien sur son cœur, comme il eût fait d'un ami bien cher.

Ce ne fut pas tout, on s'embrassa : une vraie fricassée de bouche et de museau.

Et comme Thermidor pleurait de joie !

Adolphe Ducharme lui parlait et pas un mot n'était perdu.

Les chiens n'ont pas un vocabulaire fort étendu; mais quand on leur parle, ils comprennent bien.

Cependant, Hobard était devant Adolphe Ducharme :

— Colonel, je vous cherchais, lui dit-il en lui mettant la main sur l'épaule.

Le chien était toujours dans les bras de son maître.

Il se retourna et reconnut Hobard.

Adolphe Ducharme n'eut pas besoin de dire à Thermidor ce qu'il avait à faire.

Le chien se précipita sur l'homme anonyme avec

la fureur du tigre. Il était passé soudainement de l'effusion la plus tendre à la colère la plus terrible.

Aussi, en trois coups de dents, il défigura son ennemi — l'ennemi de son maître. — Ce fut Adolphe Ducharme lui-même qui l'arrêta dans sa vengeance.

Thermidor, regarda son maître et sembla lui dire :

— Mais tu ne comprends donc pas tous les supplices que cet homme m'a imposés. Tu ne comprends donc pas que cet homme est ton ennemi?

Thermidor avait deviné tout cela. Il avait senti sa faute en reconnaissant Angéline Duportail. Il regrettait de n'avoir pas ce soir-là mis Hobard en pièces. Le moment était venu.

Cependant plus de vingt personnes étaient survenues. Cœur-de-Lion jugea qu'il ne pouvait s'échapper par la fuite. Il voulut se tirer de là à force de diplomatie.

— Arrêtez-le! arrêtez-le! cria Hobard, agitant la tête et jetant une pluie de sang autour de lui.

— Je ne comprends rien à ceci, dit Cœur-de-Lion ; cet homme m'avait pris mon chien : sans doute il l'a maltraité, car c'est une si bonne bête!

Mais Thermidor n'avait pas l'air d'une si bonne bête que cela.

Il n'était pas revenu de sa colère; il montrait ses crocs sanglants.

— Que voulez-vous ? reprit Adolphe Ducharme, on prend son bien où on le trouve, et son chien où on le rencontre.

Et il essaya de fendre la foule pour s'en aller ; mais, quoique l'homme anonyme ne vît pas bien clair, il fit signe à deux sergents de ville d'arrêter l'ex-colonel des fédérés.

— C'est un chef de la Commune ! cria-t-il. C'est Cœur-de-Lion !

— Cœur-de-Lion ! dit un gamin, elle est encore bien bonne, celle-là ! Cœur-de-Lion est mort sur les barricades, comme Cœur-de-Roi.

— Ni l'un ni l'autre, dit une femme. Il n'y a que le pauvre peuple qui s'est fait tuer : les chefs ont pris la clef des champs.

Quelques curieux auraient bien voulu faciliter l'évasion d'Adolphe Ducharme, mais la foule affluait de toutes parts. Il y eut bientôt un cercle de trois à quatre cents personnes pour assister à ce spectacle.

Les uns riaient « de la bonne farce du chien. »

Les autres disaient qu'il fallait le tuer comme un chien, séance tenante.

On s'érigea en tribunal. On improvisa un acte d'accusation contre Thermidor. On fit l'appel des témoins à charge et à décharge. Un avocat fut nommé d'office, qui plaida les circonstances atténuantes.

L'accusateur public conclut à la peine capitale; mais Thermidor avait de si beaux yeux ! il se pressait contre son maître avec tant de fraternité ! Et puis Adolphe Ducharme paraissait si ému du danger que courait son chien, qu'on décida presque à l'unanimité la grâce de Thermidor.

Mais on ne décida pas que Cœur-de-Lion serait mis en liberté.

Il tenta un effort désespéré, il repoussa les sergents de ville, il joua des poings et voulut fendre la foule; mais il aurait fallu que son ami Carnaval fût là; il n'avait plus la force d'un homme qui peut en braver un grand nombre.

Mais il fut sauvé pourtant au moment où il se croyait vaincu.

Une nouvelle opinion se faisait dans la foule. Blanche de Volnay et son amie Symiane, qui suivait de près Adolphe Ducharme à la sortie du cimetière, étaient descendues de voiture faute de pouvoir avancer à travers cette barricade subite d'hommes et de femmes.

La romanesque Symiane dit tout haut qu'elle ne comprenait pas qu'on voulût arrêter ce jeune homme.

— C'est mon frère ! s'écria-t-elle.

Cœur-de-Lion, grâce à sa taille, avait aperçu les deux jeunes filles.

Il entendit ce cri de Mlle Symiane.

— Vous voyez bien, dit-il, que je ne suis pas l'homme que vous cherchez. Demandez à ces deux jeunes filles, ma sœur et mon amie, si je ne viens pas du cimetière avec elles.

On lui fit passage pour rejoindre les deux femmes. Il était sauvé, car Hobard avait beau crier dans la foule, à vingt pas de là, que c'était bien Cœur-de-Lion, on ne voulut plus écouter Hobard.

Blanche de Volnay regardait son amie avec une expression sévère; elle ne voulait pas être de moitié dans cette folie de dévouement.

Adolphe Ducharme était, certes, le dernier homme qu'elle dût vouloir sauvegarder. Mais c'était la fatalité qui faisait tout cela.

— Ne sois pas inquiète, dit tout bas Symiane à

son amie, je vais le sauver, mais je le lâcherai en chemin.

Elle ouvrit elle-même la portière de la voiture et dit à Cœur-de-Lion de monter.

Ce n'était pas le moment de se faire prier.

Cœur-de-Lion obéit et se mit sur le devant du coupé, pendant que les deux jeunes filles s'asseyaient en face de lui.

Il était si ému, — non par ce qui venait de se passer, mais par la présence de Blanche de Volnay, — qu'il oublia son chien.

Le coupé était déjà au bout du boulevard des Amandiers — car il avait rebroussé chemin — quand Adolphe Ducharme pensa à Thermidor.

— Oh mon Dieu ! dit-il. Et mon chien !

— Mais vous n'aviez pas de chien au cimetière, dit Symiane.

Cœur-de-Lion raconta toute l'histoire.

Mlle de Volnay, qui jusque-là n'avait pas dit un seul mot, murmura deux ou trois fois :

— Pauvre bête !

Adolphe Ducharme n'osait parler à Blanche.

Fut-ce pour dire comme elle qu'il murmura à son tour :

— Pauvre Thermidor !

LIVRE IV

LES ABIMES.

I.

LA ROSE BLANCHE.

> Il y a plus près de la vie à la mort,
> de la terre au ciel, du bruit au silence,
> de la source à la mer, de l'enfer au
> paradis, de Dieu à Satan, que du cœur
> d'un homme au cœur d'une femme.
>
> *Proverbe turc.*

Le cocher suivait le boulevard extérieur. A la rue de Ménilmontant, Adolphe Ducharme demanda à descendre, disant qu'il ne voulait pas plus longtemps d'une hospitalité si généreuse ; mais il se laissa facilement gagner par Symiane qui lui dit qu'elle ne lui rendrait la liberté qu'à l'Arc de Triomphe.

Quand le coupé passa près du parc Monceau, un ami des jeunes filles, qui avait été un camarade d'Adolphe Ducharme, vint à la portière et causa des choses du jour.

C'était Monjoyeux, cette personnalité si parisienne, tour à tour comédien et sculpteur, le plus fidèle ami d'Octave de Parisis.

A lui aussi, Adolphe Ducharme raconta l'histoire de la place de la Roquette.

— Et où allez-vous vous cacher? lui demanda Monjoyeux.

— A la belle étoile, répondit-il.

— Voulez-vous venir chez moi? reprit Monjoyeux. Je vous métamorphoserai en modèle ; je sculpte un Bacchus, vous poserez avec le thyrse.

Monjoyeux prit place dans la voiture et donna l'ordre au cocher d'aller jusqu'à l'avenue de l'Impératrice.

Quand on fut arrivé là, les deux hommes descendirent et saluèrent les deux femmes.

Adolphe Ducharme regarda froidement Mlle de Volnay comme si c'était l'éternel adieu.

Elle détourna les yeux, mais elle ne cacha pas sa pâleur soudaine.

— C'est la haine qui s'indigne en elle, pensa Adolphe Ducharme.

Les deux amis s'en allèrent à pied jusqu'au petit

hôtel du sculpteur. Ils trouvèrent Bérengère lisant un journal sur le seuil ; Bérengère, cette autre créature, romanesque s'il en fut, qui avait fini par devenir une vraie femme d'intérieur.

Elle fit bon visage au nouveau venu. Monjoyeux lui dit en quelques mots l'histoire de Cœur-de-Lion et lui annonça qu'il le gardait au secret.

— Oui, au secret, dit la jeune femme. Je ne le dirai même pas à la duchesse de Parisis.

Bérengère avait des secrets pour son mari, mais n'en avait pas pour sa chère Violette.

— La duchesse sort d'ici, reprit Bérengère à Monjoyeux. Elle reviendra demain. Elle veut que tu sculptes son tombeau.

Adolphe Ducharme ne fit pas de façon pour devenir l'hôte de Monjoyeux. Les artistes et les soldats s'entendent toujours bien. Quoique séparés par un abîme politique, ils se donnèrent encore cordialement la main.

Monjoyeux, né dans la hotte d'une chiffonnière, avait les instincts les plus aristocratiques.

Il croyait qu'un roi est bien plus intéressé à travailler pour le peuple que les ambitieux qui, sous le drapeau du peuple, ne songent à travailler que pour eux-mêmes.

Il s'était passionné à la lecture des Bonald, des Joseph de Maistre et des Veuillot.

Il croyait que moins le peuple ferait de politique et plus il serait près de la sagesse ; que plus il croirait à Dieu, plus il aurait la haine du mal.

En un mot, un réactionnaire bon à fusiller dans le chemin de ronde de Mazas.

Il eut la générosité de ne pas accuser Adolphe Ducharme. C'était son hôte ; il ne voulut pas lui donner tort.

On s'efforça de causer beaux-arts, philosophie, voyages, menus propos de gens qui n'ont pas la fièvre du jour.

Le lendemain, ce ne fut pas sans une vraie surprise que l'ex-colonel des fédérés vit entrer dans l'atelier de Monjoyeux Mlle Symiane.

— Je viens voir, dit-elle gaiement, si Bacchus pose bien.

Symiane connaissait Bérengère, la femme de Monjoyeux. Elle l'aimait beaucoup. Elle l'accusait d'être un peu plus romanesque encore qu'elle ne l'était elle-même.

Il faisait chaud ; Bérengère apporta des fraises ; on goûta dans l'atelier.

On risqua des confidences.

— Pourquoi n'as-tu pas amené Blanche? demanda Bérengère à Symiane.

— Chut! tu brûles, répondit la jeune fille.

Adolphe Ducharme ressentit une vive émotion. Quoique Symiane voulût expliquer ces trois mots par une autre idée, Cœur-de-Lion ne désespéra pas que le vif sentiment qui le dominait n'eût un lointain écho dans le cœur de Blanche de Volnay.

Mais presque aussitôt il rentrait en lui-même : il voyait son néant devant la vertu de la jeune fille ; il sentait que, dût-elle descendre de toute la générosité du pardon, il ne pourrait jamais s'élever jusqu'à elle.

Que pourrait-il faire pour cela ? Se repentir ? Brûler ce qu'il avait adoré? Tenter la volte-face dans ses amitiés? N'était-ce pas se faire lâche pour vouloir se faire pardonner? Et d'ailleurs, quel que fût le désir de son cœur, quel que fût l'espoir de son âme, il voulait mourir fidèle à sa religion ou à sa folie politique, même s'il n'avait plus la foi !

Après le goûter on se promena dans le petit jardinet de Monjoyeux. Le règne de la Commune n'avait pas permis d'y cultiver beaucoup les fleurs; il y en avait pourtant quelques-unes çà et là;

aussi Adolphe Ducharme, passant devant un magnifique rosier à roses blanches, en cueillit une et l'offrit à Symiane.

— Une rose de Bengale, dit-elle en la prenant avec quelque dédain.

— Oui, dit-il, c'est le symbole de l'amour platonique.

Et après un silence, il ajouta ces mots :

— Effeuillez-la quand vous rentrerez chez vous, aux pieds de votre fière et chère amie ; dites-lui qu'elle est vengée cruellement puisque je l'aime...

Ce mot qui brûle glaça les lèvres de Cœur-de-Lion.

— J'ai bien vu cela, dit Symiane en souriant.

— Puisque je l'aime et que je ne rencontrerai jamais que sa haine, n'est-ce pas là le supplice des supplices?

— Oui, certes, mais nul ne connaît le lendemain; qui vous dit qu'il n'y a pas dans le cœur des révolutions comme dans le monde? Blanche n'est pas plus maîtresse de son cœur qu'un roi n'est maître de son peuple. Elle le domine aujourd'hui, mais la bête féroce pourra bien se révolter un jour.

— Non, non, ne me dites pas cela, murmura Adolphe Ducharme avec une bouffée de joie qui passa comme une bouffée de vent. Je ne veux pas tenter l'impossible. Seulement, je ne désespère pas que M{ile} de Volnay ne finisse par comprendre mon égarement quand j'ai appris que ma sœur, une enfant de dix-sept ans, avait été enlevée par le comte de Volnay.

En prononçant ce nom, Adolphe Ducharme prouva que s'il avait toutes les tendresses pour Blanche, il gardait toutes ses colères contre René.

Symiane lui dit que Blanche avait compris cela, et que, sans se l'avouer, elle en voulait plus à son frère qu'à lui-même de tout ce qui s'était passé.

— Et je comprends cela comme Blanche, ajouta-t-elle ; moi qui suis vaillante, si j'étais à sa place, je ne répondrais pas de mon cœur.

Monjoyeux et sa femme survinrent, au grand regret de Cœur-de-Lion, qui aurait bien voulu que cette petite causerie continuât.

— C'est égal, lui dit Symiane avant de répondre à Bérengère qui lui parlait, je vous promets d'effeuiller la rose blanche.

Quand Symiane fut partie — avec la rose à la main — Adolphe Ducharme dit à Bérengère :

— En vérité, madame, vous m'avez emparadisé,

chez vous; mais quel enfer s'ouvrira pour moi quand j'aurai perdu le paradis !

Le silence se fit pendant quelques jours sur Adolphe Ducharme. Les journaux, après l'avoir vu fusillé, l'avoir ressuscité, l'avoir entrevu à Versailles, puis à Genève, puis à Londres, puis partout où il n'était pas, jugèrent qu'il était temps de n'en plus parler.

L'ex-colonel s'était amusé de tous ces récits qui se contredisaient, mais où toujours on le peignait comme un des plus féroces soldats de la Commune.

Il prenait assez bien son parti de toutes ces épithètes infligées à son nom : bandit et chenapan, entre autres ; c'était un tigre altéré de sang, c'était une hyène attachée à sa proie. Il ne s'indignait que si on parlait de ses lâchetés. Comme Delescluze et Vermorel, il avait voulu mourir sur les barricades. Certes, ce n'était ni un héros ni un galant homme. Il s'était déshonoré en s'acoquinant aux plus mauvais ; mais il n'était pourtant pas de ceux-là qui sont descendus jusqu'au pillage, à l'incendie, à l'assassinat. Comme Rossel, comme Flourens, comme tous les égarés, il avait conservé assez le respect de soi-même pour s'effrayer moins d'un crime que d'une lâcheté. Un soldat n'oublie jamais qu'il doit mourir en soldat.

Cœur-de-Lion s'indignait contre lui-même de tous ses déguisements pour échapper à la vengeance de ses ennemis. Il n'est pas de jour où il ne fût sur le point d'aller au-devant de ses juges. Il était retenu plutôt par l'idée de sa mère que par l'idée de la mort.

Il espérait sans cesse qu'il trouverait enfin l'art de dépister la police pour passer en Angleterre.

Il lui restait des amis qu'il retrouverait là-bas : Félix Pyat, Cluseret, Theisz, Vallès et les autres. D'ailleurs il ne s'avouait pas vaincu : l'idée de prendre sa revanche le mordait au cœur. Comme tous les révolutionnaires, il ne doutait pas que cette fois ce fût le grand coup. Il voyait la bêtise qui avait envahi et submergé la Commune. Il ne tomberait plus dans de telles fautes : les otages assassinés, les églises profanées, les incendies. Il n'était pas assez philosophe pour comprendre que, dans les événements de ce monde, l'expérience ne joue qu'un rôle stérile : dans les révolutions, après quelques jours de vertige, les choses obéissent à la force. La force, c'est l'armée, et l'armée, c'est l'ordre. L'esprit de désordre sera toujours vaincu.

On avait dit à Adolphe Ducharme qu'il était recherché, poursuivi, traqué avec une passion sans pareille ; mais on ne lui avait pas dit que c'était le comte de Volnay qui payait l'homme anonyme. Il ne savait pas que si le comte de Volnay était si impatient qu'on mît la main sur lui, c'était pour le souffleter enfin de son épée, c'était pour se battre avec lui, sans espoir de salut pour l'un ou pour l'autre, c'était pour assouvir jusqu'à la mort la vengeance d'un outrage inouï.

Si on eût dit la vérité à Adolphe Ducharme, il fût allé au-devant de René de Volnay et lui eût donné ce quart d'heure de joie furieuse, tant attendu par ceux qui ont bu un outrage.

Mais l'ex-colonel croyait qu'on voulait le prendre pour le jeter dans les prisons de Versailles pêle-mêle avec tous les lâches qui l'avaient trahi.

Il faut bien le dire : tout en conservant l'espoir de la revanche, il gardait l'amer souvenir de la défaite. Il voyait encore fuir tous ces ivrognes qui criaient : Vivre et mourir pour la Commune ! Mais on ne veut jamais désespérer des mauvaises causes : Adolphe Ducharme parlait déjà d'une toute autre organisation pour l'avenir : — on ne forcerait personne à prendre les armes ; il n'y aurait ni réfractaires ni mécontents dans la cité ; on fermerait les cabarets ; aux avant-postes on mettrait beaucoup d'eau dans son vin ; — en un mot, on aurait moins de monde pour la grande cause, mais on n'aurait que des fanatiques et des héros.

Cependant Hobard n'en continuait pas moins à poursuivre Adolphe Ducharme. Il ne croyait pas aux nouvelles des journaux, qui le faisaient voyager au loin ; il le sentait toujours à Paris, comme le chien sent le gibier. Seulement, dès qu'il était sur la trace, il la reperdait ; c'était le colin-maillard. Hobard ressemblait à l'enfant qui soulève çà et là son bandeau pour voir celui qu'il veut toucher. Mais l'autre était si rapide et si imprévu dans ses évolutions, que le colin-maillard, hors d'haleine, se reposait au moment même de saisir sa proie.

II.

DIANE DUCHARME ET BLANCHE DE VOLNAY.

> Tu veux punir ton ennemi, et tu ne songes pas à te punir toi-même.
> SAADI.

Un jour que René de Volnay était venu déjeuner avec sa sœur au petit hôtel de Symiane, Hobard vint lui parler de l'insaisissable Adolphe Ducharme, lui contant l'histoire de la place de la Roquette.

Blanche, qui écoutait de la chambre voisine, entendit éclater les colères de son frère :

— Il me faut cet homme; je veux le tenir sous mon pied, après l'avoir flagellé de mon épée ! Je veux son sang, je veux sa vie ! Ah ! certes, celui-là n'ira pas à Versailles pour se donner les grands airs du martyre. Cet homme m'appartient, il mourra devant moi, je le frapperai sans merci.

— Eh bien ! monsieur le comte, dit l'homme anonyme, encore un jour, deux jours, trois jours de patience, je vous jure que je vous amènerai l'ex-colonel et son chien.

— Périsse l'homme ! périsse la bête ! s'écria le comte de Volnay. Le chien d'un tel bandit doit être enragé.

Mlle de Volnay, à ces derniers mots, arriva toute pâle dans le cabinet de son frère.

— René, tu ne feras pas de mal à ce chien, dit-elle d'un air altier.

Le comte regarda sa sœur.

— Tu deviens folle, Blanche, lui dit-il.

— Non, je ne deviens pas folle ; faire ainsi retomber sa colère et sa vengeance sur une pauvre bête, c'est indigne de toi. Mais ce qui est plus indigne encore, c'est de s'être servi d'un chien qui aime son maître pour le trahir.

— Pour traquer une bête fauve, tous les moyens sont bons, hasarda Hobard à mi-voix.

— Non, monsieur, dit la jeune fille sans regarder l'homme anonyme. Quand on a un ennemi déloyal, il faut être loyal encore dans sa vengeance.

Hobard n'osa point répliquer. Il était humilié

par les paroles de Blanche de Volnay, il salua et sortit avec une dignité théâtrale.

Blanche se rapprocha de son frère et lui croisa les mains sur l'épaule.

— Voyons, mon cher René, je ne te croyais pas si vindicatif. La plus belle vengeance, c'est d'abandonner cet homme à lui-même. Vois-tu, la mort, c'est la fin, mais ce n'est pas la raison.

— Je te dis, Blanche, que tu es folle, tu vis dans les nuages. Je ne pardonnerai jamais à ce bandit qui a osé t'emprisonner à côté de lui, qui a osé te conduire à cette orgie de communeux, qui a osé...

— Pourquoi réveiller tous ces horribles souvenirs ?

— Je vous trouve superbe, Blanche, en vérité, vous vous imaginez peut-être qu'on a oublié dans Paris ce mélodrame ridicule — et sublime — de l'Élysée. Tu as voulu noblement te sacrifier pour effacer jusqu'au soupçon. Mais il serait trop commode pour tous ces chenapans qu'on oubliât leurs crimes. La société ne vivra que si chacun de nous prend le monstre corps à corps. C'est une vengeance sociale. Puisqu'on sait cette maudite histoire du festin de l'Élysée, il faut qu'on sache aussi que le frère a vengé la sœur.

Blanche embrassa son frère, mais c'était pour le désarmer.

— Mon cher René, plus tu voudras me venger, plus tu montreras tes torts. Songe que tu fais trop bon marché de Mlle Diane Ducharme... Je sais tout, parce que j'ai tout compris...

— Ne vas-tu pas te comparer à cette jeune folle?

— Pourquoi pas? répondit gravement Mlle de Volnay.

Jusque-là, le jeune comte avait presque considéré son aventure avec Diane comme si cette conquête se fût faite dans les coulisses d'un théâtre ou dans les jardins de Mabille. Mais la réponse de sa sœur le fit rentrer dans sa conscience.

D'un regard rapide il revit le tableau de son petit roman avec Diane, les rendez-vous dans l'église, la confiance de la jeune fille, sa foi en ses paroles. Quand elle était allée chez lui, dans l'enivrement d'une passion naissante, croyait-elle qu'elle risquait son âme?

— Écoute, Blanche, dit René de Volnay à sa sœur, tu as raison, et j'ai eu tort. Mais, entre toi et Diane Ducharme, il y a un abîme. Toi, tu es née pour toutes les vertus, tandis qu'elle est née pour toutes les folies.

— Tu en parles bien à ton aise. Qui te dit que, sans toi, Mlle Diane Ducharme ne serait pas encore à côté de sa mère, à côté de sa sœur? Car tu sais qu'elle a une sœur qui s'appelle Marguerite et qui va épouser le capitaine Henryet.

— Il est commandant depuis hier.

— Ah! tant mieux. C'est un brave homme; je l'aime beaucoup. Et puis cela fera tant de plaisir à Mlle Ducharme!

— Oh! oh! Henryet n'a pas encore épousé la sœur de son ami — l'ex-colonel. — Tant que je ne verrai pas la publication des bans, j'en douterai. Je sais qu'Henryet avait d'autres idées; tu le sais toi-même.

Blanche sourit.

— Je sais, répondit-elle que si on pouvait épouser deux femmes, il me donnerait peut-être sa seconde main; mais la première serait pour Marguerite Ducharme. Du reste, ce sera bien à lui d'épouser cette jeune fille; il faut consoler cette malheureuse mère, qui a perdu du même coup deux enfants, plus perdus encore que s'ils étaient morts.

— Rassure-toi, Adolphe Ducharme ne verra pas tomber les feuilles cette automne. Toi vivante, il ne faut pas que cet homme vive.

Blanche reprit son expression grave et triste.

— Et pourtant, toi, tu ne feras pas de façons pour vivre en face de Diane Ducharme?

Blanche prenait vaillamment Diane sous sa protection.

— C'est toi, René, qui as eu le premier tort. J'ai payé pour toi.

Le comte de Volnay fit un mouvement d'impatience.

— Allons, allons, ma chère Blanche, ne parlons plus de tous ces Ducharme, qui ne sont venus à Paris que pour notre malheur. Adolphe Ducharme, Marguerite Ducharme, Diane Ducharme, que tout ce monde-là aille au diable ; mais je ne veux plus que leur nom me sonne dans les oreilles.

III.

COMMENT BLANCHE DE VOLNAY LISAIT DANS LE CŒUR DE RENÉ.

> Que de fois on refuse de descendre en son cœur dans l'effroi de la vérité. Il y a des jours où on se cache sa passion à soi-même avec plus de soin qu'on ne fait pour les autres.
>
> L'Abbé Prévost.

En ce moment même, Mlle Symiane entra sans se faire annoncer.

— Vous ne savez pas la nouvelle? dit-elle en riant, Mlle Diane Ducharme...

— Encore, s'écria le comte. Je ne veux plus que ce nom soit prononcé devant moi.

— Eh bien, va-t'en, dit Blanche à son frère.

Mais René n'eut garde de ne pas écouter.

— Donc, reprit Symiane, Mlle Diane Ducharme fait beaucoup parler d'elle à cette heure. Figurez-vous qu'on croyait son frère caché dans sa chambre à l'hôtel de la Chasse, à Versailles, où elle a pris pied en quittant l'hôtel des Réservoirs. Ce matin, on a fait une perquisition ; on a saisi un monsieur et une dame ; mais voilà : on a reconnu, un peu tard, que si la dame était bien Diane Ducharme, le monsieur n'était pas du tout Adolphe Ducharme. Grande confusion de part et d'autre. On a rendu la liberté aux amoureux ; mais en voilà deux qui n'oseront plus s'aimer en plein jour, car tout le monde sait qu'ils ont été pris comme Mars et Vénus.

— Ma chère Symiane, dit Mlle de Volnay, comment peux-tu parler ainsi ?

— Ne puis-je donc pas prendre mes images dans l'Olympe ? Est-ce que ces gens-là étaient de mauvaise compagnie ?

— Si tu n'es pas plus sage dans tes discours, je te condamnerai à retourner au couvent.

— Mais c'est au couvent que j'ai appris l'histoire des dieux.

Le comte de Volnay était devenu pensif ; il fronçait le sourcil, il se tordait la moustache.

— Et quel était cet heureux mortel que vous comparez à Mars ? demanda-t-il à Mlle Symiane.

— Un jeune fou que vous connaissez, Max de

Villefranche. Est-ce que vous êtes jaloux de son bonheur ?

— Oh ! Dieu, non ! pas plus jaloux de son bonheur que je ne suis jaloux de sa mésaventure.

— Mais Diane est très-jolie ! Tout à l'heure j'ai entendu un autre de vos amis qui voudrait bien que cela lui fût arrivé. Vous avez beau faire les dédaigneux, je vous connais bien, au fond, messieurs du high-life, vous n'aimez que les femmes dont on parle. Tenez, je parierais que la demoiselle Diane Ducharme vous monte — vous remonte à la tête.

Symiane se mit à rire :

— Autre histoire : le lendemain même perquisition chez Diane Ducharme, cette fois on a découvert la vérité, beau jaloux : une femme déguisée en homme.

— Une femme déguisée en homme ! Et quelle est cette femme ?

— Ah ! ni moi non plus. On croit que c'est une femme de la Commune qui se cachait sous l'habit d'un petit-crevé.

Blanche s'était éloignée pour respirer à la fenêtre, comme si elle se fût offensée des paroles de son amie, ce qui ne l'empêchait pas d'écouter.

— Et moi, dit-elle tristement, je parierais bien que si mon frère est si passionné dans sa vengeance, c'est qu'il aime, peut-être sans le savoir, Mlle Diane Ducharme. La fatalité nous a tous entraînés dans ses bras de fer.

L'image d'Adolphe Ducharme, tour à tour fière et suppliante, apparut à Mlle de Volnay.

Mlle Symiane entraîna Blanche dans sa chambre. Dès qu'elle eut refermé la porte, elle prit dans son sein une rose déjà flétrie.

— Tiens, dit-elle à son amie, c'est pour toi que j'ai cueilli cette rose.

Blanche prit la rose et la porta à ses lèvres.

— Chut ! s'écria Mlle Symiane, ça brûle !

— Je ne comprends pas, dit Blanche en rougissant.

— Tu ne comprends pas parce que tu ne sais pas qui a cueilli cette rose pour toi.

IV.

LE DUEL DE RENÉ DE VOLNAY ET D'ADOLPHE DUCHARME.

> Vous voulez un duel à mort, messieurs, vous n'êtes pas dégoûtés, mais vous ne savez pas si la mort veut de vous. — La mort est femme, elle ne se donne pas si facilement que cela.
>
> Dumas Iᵉʳ.

Quand Symiane revint chez Monjoyeux, elle dit à Adolphe Ducharme que sa rose blanche avait été effeuillée par Blanche, mais sans lui dire qu'elle l'avait portée à ses lèvres.

Ce jour-là Monjoyeux et sa femme reconduisirent Symiane avenue d'Iéna, laissant tout seul dans l'atelier Adolphe Ducharme.

Il s'amusait à pétrir la terre glaise avec quelque sentiment du dessin, quoiqu'il n'eût jamais guère dessiné que des caricatures.

C'était Monjoyeux qui lui avait conseillé de se mettre à sculpter pour éloigner toute idée politique.

Ce fut alors que s'annonça une autre visite un peu moins aimable que la première.

Adolphe Ducharme vit tout à coup entrer dans l'atelier René de Volnay.

Ils se reconnurent du premier regard.

— Ah! vous voilà donc! s'écria le comte.

Et il referma la porte de l'atelier.

— Ah! n'ayez pas peur que je m'en aille, dit froidement Cœur-de-Lion. Je vois ce que vous voulez. Je suis votre homme.

— Je savais bien que vous n'étiez pas mort, dit René en s'avançant de quelques pas; c'est vous qui avez fait courir ce bruit-là. Mais les gens de votre espèce ne meurent pas en combattant. Ils poussent les imbéciles au feu, mais ils n'y vont pas.

— Ils n'y vont pas! s'écria Adolphe Ducharme en éclatant dans sa colère ; venez un peu par ici ; il y a parmi les armes de Monjoyeux deux ou trois paires d'épées de combat; nous allons voir qui aura peur de la mort.

Et tout en disant ces mots, il courut prendre deux épées dans la panoplie ; il en garda une et jeta l'autre sur le chemin du comte de Volnay.

— Je vais donc venger ma sœur ! poursuivit-il.

— C'est moi, qui vais venger ma sœur ! cria René.

Ils se regardaient avec des yeux qui jetaient des éclairs.

Ils furent bientôt en présence.

Voilà les vrais duels, ceux qui n'attendent pas, pour se refroidir, toutes les marches et contre-marches de l'honneur.

Les duels sans autres témoins que la fureur des adversaires ; les duels pour la mort et non pour l'honneur.

Adolphe et René étaient de première force ; à la salle d'armes, ils faisaient des prodiges ; sur le terrain, ils étaient terribles comme les mathématiques.

Le combat dura dix minutes ; il semblait que ce fût un jeu, tant ils avaient l'art de se défendre.

René voulait tuer Adolphe. Adolphe ne voulait pas tuer René, mais il voulait le désarmer, tout en le blessant à la main. Vingt fois le comte espéra frapper son ennemi en pleine poitrine ; vingt fois Cœur-de-Lion effleura la main agile et savante du frère de Blanche. Ils ne parvenaient, ni l'un ni l'autre, à se toucher. Enfin le comte de Volnay eut la main transpercée ; l'arme lui tomba toute ensanglantée.

Il poussa un cri de rage ; il reprit l'épée de la main gauche et voulut continuer la lutte ; mais Adolphe Ducharme, qui maniait l'épée des deux mains avec la même sûreté, désarma tout de suite son adversaire.

— Monsieur, lui dit-il, je n'ai pas voulu vous tuer, quoique ce fût mon droit, mais je demeure à vos ordres, si vous croyez que mon injure ne soit pas plus grande que la vôtre ; allez faire panser votre main et revenez quand il vous plaira. Je suis votre homme.

— Oui, monsieur, je reviendrai ! dit le comte de Volnay.

V.

LA DUCHESSE DE PARISIS.

> Une âme visible !
> PÉTRARQUE.

A peine Adolphe Ducharme était-il remis de cette secousse, qu'une nouvelle figure apparut à la porte de l'atelier.

Une figure inconnue pour lui : c'était la duchesse de Parisis, cette belle Violette qui avait ému le monde parisien par sa beauté héraldique, son charme pénétrant, ses dramatiques amours, tour à tour fille du pays latin, courtisane amoureuse, duchesse irréprochable.

Adolphe Ducharme s'inclina respectueusement. Violette fit un pas vers lui.

— Monsieur, lui demanda-t-elle, pourriez-vous me dire si Mme Monjoyeux est ici ?

— Non, madame, répondit Cœur-de-Lion en

s'avançant vers la duchesse. Elle est allée conduire Mlle Marie de Beauséjour, ou si vous aimez mieux Mlle Symiane, avenue d'Iéna.

— Croyez-vous qu'elle revienne pour dîner ?

— Je n'en doute pas, car elle a dit qu'elle attendait Mme la duchesse de Parisis.

— C'est moi.

— Je n'avais jamais eu l'honneur de vous voir, mais je vous avais devinée, madame. Permettez-moi de me présenter à vous, puisque mes amis ne sont pas là. Mme Monjoyeux a dit qu'elle ne vous confierait pas mon secret, à vous, à qui elle confiait tout. Comme mon secret m'appartient, je vais vous le confier : je suis poursuivi comme un des chefs de la Commune ; j'étais colonel des fédérés, je me nomme Adolphe Ducharme.

La duchesse de Parisis fixa Cœur-de-Lion.

— Je vous connais, lui dit-elle ; il est bien singulier que Bérengère vous cache chez elle, quand j'ai caché chez moi Mme Angéline Duportail, surnommée l'Amazone.

Adolphe Ducharme eut un cri de joie.

— Angéline ! vous l'avez vue ! C'est la première fois que j'ai de ses nouvelles, la pauvre femme ! je la croyais fusillée.

— En effet, elle a été fusillée ; je crois que sans moi vous pourriez la pleurer. Ils l'ont amenée dans ma cour, du moins dans la cour d'une de mes amies où je m'étais réfugiée pendant la Commune. On l'avait prise sur une barricade. Vous savez sans doute cela comme moi ; mais, ce que vous ne savez pas, c'est que, poursuivie par toute une horde de gens du peuple de la pire espèce, qui demandaient sa mort, elle entra dans la cour d'un hôtel de la rue Murillo, où elle reçut deux coups de feu. Elle tomba. Je la croyais morte. J'avais ouvert ma fenêtre ; je ne sais si ce fut grâce à mes prières, mais les fusils se relevèrent ; un sergent repoussa la foule ; la sœur de charité qui me soignait, car j'étais bien malade, descendit au secours de la femme fusillée, la ranima et l'emmena bientôt jusque dans ma chambre, où, après l'avoir pansée moi-même, je l'obligeai de s'habiller en sœur de charité.

Adolphe Ducharme écoutait des yeux, des oreilles et du cœur.

— Le croiriez-vous ? reprit Violette ; la malheureuse femme avait toujours la fièvre du combat, il semblait qu'elle voulût encore résister. Elle refusait de s'habiller en sœur de charité. « D'ailleurs, disait-elle, je ne suis pas digne d'une telle métamorphose : ces habits-là me brûleraient comme la robe de Nessus. » La douceur de la sœur de charité finit par la calmer et par ramener Dieu à son esprit.

— C'est vous surtout, madame, dit Adolphe Ducharme, qui l'avez ramenée à la raison ; je vous remercie profondément ; c'est un brave cœur, digne de comprendre une telle générosité ; mais donnez-moi de ses nouvelles.

La duchesse de Parisis conta à Adolphe Ducharme tout ce qui s'était passé : comment Hobard l'avait découverte, grâce à Thermidor ; comment il avait fallu qu'elle se résignât à suivre cet homme comme prisonnière.

— Mais rassurez-vous, reprit la duchesse, j'ai des amis à Versailles ; Mme Angéline Duportail n'a plus qu'une idée, c'est de faire pénitence en prenant l'habit de sœur de charité ; j'espère encore qu'on lui accordera cette grâce sans passer devant le conseil de guerre.

Adolphe Ducharme écoutait toujours le récit de Violette avec la plus vive curiosité. Elle lui apprit encore qu'elle avait reçu une lettre de sa maîtresse à son arrivée à Satory. Depuis, Angéline Duportail ne lui avait plus écrit.

La duchesse ne s'expliquait guère ce silence.

— Monjoyeux ira à Versailles, dit Adolphe Ducharme, il nous rapportera de nouvelles nouvelles.

La duchesse s'imaginait que Cœur-de-Lion était revenu à d'autres idées politiques; mais elle s'aperçut bientôt qu'il n'avait pas rebroussé chemin d'un seul pas.

Il était ferme comme un roc dans ses convictions : pour lui Félix Pyat, Jules Vallès, Gustave Flourens avaient été la sainte Trinité de la vraie république.

Aussi Violette se hâta de dire :

— Ne parlons pas politique.

Elle jugea qu'il valait mieux entreprendre la conversion d'un pécheur que la conversion d'un idéologue.

Monjoyeux et sa femme les surprirent en très-vive discussion.

— Quoi, dit Monjoyeux, vous perdez votre temps aux chimères politiques? Il y a bel âge que j'en suis revenu ! C'est bon pour les gamins qui sont au collége ; quand on est un homme, on songe bien plus à se réformer qu'à vouloir réformer le monde.

Monjoyeux parlait comme un sage.

Il fut convenu qu'on laisserait l'humanité marcher toute seule.

On se mit à table et on dîna gaiement, parce qu'on ne s'embourba plus dans les vaines théories.

On parla et on reparla de toutes les belles héroïnes qui avaient fait cortége à Violette, dans ses aventures romanesques.

Où étaient-elles allées, ces charmantes affolées, qui avaient été comme le feu d'artifice des derniers beaux jours ou plutôt des dernières belles nuits de l'Empire ?

L'ex-colonel des fédérés avoua qu'après tout il était meilleur encore de vivre dans ce monde-là qui s'amusait sans prêcher, que dans le monde de ceux qui ne s'amusent pas, mais qui prêchent le pillage et l'incendie.

VI.

MALHEUREUX COMME UN CHIEN.

> Ce qui fait le malheur des chiens, ce n'est pas la nature, une bonne mère pour tous ses enfants, c'est l'homme, un mauvais compagnon pour les bêtes, lui qui est un sot.
>
> STERNE.

Nous avons laissé Thermidor place de la Roquette, abandonné à la fureur de l'homme anonyme et des gamins, car le gamin est cruel pour les pauvres bêtes du bon Dieu.

Un philosophe a écrit un livre sur l'âme des bêtes.

Par malheur pour les hommes, cette âme des bêtes — selon le philosophe — était tout aussi lumineuse que l'âme des mortels.

Mais d'où vient, disent les orgueilleux, que les bêtes ne construisent pas des chemins de fer, ne lancent pas des vaisseaux à la mer et n'élèvent pas de pyramides?

On peut répondre à ces orgueilleux que les chiens n'ont pas besoin d'une barque pour passer l'eau, ni d'un chemin de fer pour faire leur chemin.

Comme Dieu ne leur a pas infligé la vanité, pourquoi élèveraient-ils des pyramides pour que quarante siècles, plus ou moins, les regardent dormir au soleil?

Les chiens ne font que ce qui leur est utile. Ils ne parlent pas plusieurs langues. Ils n'écrivent pas des premiers-Paris. Ils ne cisèlent pas la vaisselle plate, parce qu'ils n'ont que faire de tout cela.

Mais pourquoi affirmer que le chien n'a ni sentiment ni esprit, qu'il ne pense pas et qu'il ne rêve pas?

Vous qui êtes si orgueilleux, êtes-vous bien sûr de savoir quelque chose que ne vous ait pas appris votre père ou votre mère, votre maître d'école ou votre professeur de philosophie?

Et encore que faites-vous de tout ce que vous savez? Vous faites la guerre à vos ennemis et à vous-même. Vous vous vantez de votre civilisation!

Paris, la patrie du peuple le plus spirituel de la terre, donne le beau spectacle de la Commune,

— l'invasion des barbares — quand ces barbares sont des Parisiens.

Grâce à Dieu, les chiens ne vont pas si loin dans la civilisation !

Dans les trois à quatre cents curieux qui s'étaient groupés place de la Roquette pour voir Hobard, Cœur-de-Lion et Thermidor dans leur lutte désespérée, bien peu savaient qu'Adolphe Ducharme fût parti si miraculeusement avec Blanche de Volnay et son amie Symiane.

On le croyait toujours dans la foule ; on se poussait vers Mazas comme pour le conduire en prison.

Vainement Thermidor avait tenté de suivre son maître tout en pleurant.

On le piétinait et on l'injuriait.

Un gamin menaçait de le tuer à coups de pierres, quand une marchande de couronnes d'immortelles, qui n'avait pas d'opinion politique, prit bravement Thermidor dans ses bras et l'emporta chez elle.

— Après tout, dit-elle, son maître a l'air d'un brave homme; je connais le greffier de Mazas ; je conduirai le chien à son maître quand tout le monde sera passé.

Mais quand cette femme se présenta avec Thermidor au greffe, on lui dit que l'ex-colonel des fédérés n'avait pas été arrêté.

— Tant mieux! dit-elle, j'avais toujours dit que j'adopterais un enfant, je vais adopter un chien.

Et tout en caressant Thermidor elle lui demanda :

— Comment t'appelles-tu ?

Elle chercha dans le calendrier des chiens, mais comme ce n'était pas le calendrier républicain, elle ne découvrit pas qu'il s'appelait Thermidor.

Thermidor n'était pas encore débaptisé, quand il s'échappa de la boutique de la marchande d'immortelles, où il était mal attaché, pour suivre un convoi de dernière classe, un vrai convoi de pauvre, auquel il ne manquait qu'un chien.

C'est qu'il avait reconnu une de ses amies dans une des femmes qui pleuraient.

C'était Fine-Champagne.

Fine-Champagne, qui s'ennuyait après ses camarades de la Commune sans être plus communarde pour cela, était très-heureuse d'avoir retrouvé Thermidor.

Elle lui permit donc d'aller verser un pleur sur la terre de la fosse commune où l'on mit le pauvre diable qu'elle conduisait à son Campo-Santo.

Après avoir pleuré, les gens du peuple, qui ne s'occupent pas du testament comme les gens du monde, ont l'habitude de trinquer ensemble, non pas précisément à la santé du mort, mais à la santé de ceux qui sont encore sur pied.

On s'arrêta dans un cabaret de la rue de la Roquette qui porte pour enseigne :

A la descente du Père-Lachaise.

Thermidor fut de la petite fête. On lui donna des gâteaux, on lui fit boire du lait. Tout le monde l'embrassa, mais il ne voulut caresser que Fine-Champagne.

Il ne se fit pas prier pour aller à Montmartre.

Quand on passa rue des Abbesses, il voulut s'arrêter à la maison d'Adolphe Ducharme, mais il comprit par le regard de Fine-Champagne que son maître n'y était pas. Il suivit donc sa nouvelle compagne de route jusque chez elle, ne doutant pas cette fois qu'il ne fût en bonne compagnie, c'est-à-dire avec une amie de Cœur-de-Lion.

— En voilà toujours un, disait Fine-Champagne en baisant le museau du chien, mais quand retrouverai-je les autres ?

Elle en avait déjà rencontré quelques-uns, — de bonnes pratiques — des peintres, des sculpteurs, des comédiens, qui étaient restés à Paris pendant la Commune, sans qu'on les forçât de prendre les armes.

Elle résolut de les réunir dans un petit festin, pour qu'on pût boire un peu à la santé des absents.

Elle habitait une maison abandonnée rue Gabrielle; les propriétaires n'étaient pas revenus à Paris, depuis le commencement de la guerre. Cette maison était bien cachée dans un jardin. On ne la croyait pas habitée; Fine-Champagne pensa donc que nul ne viendrait troubler le festin.

Voilà pourquoi, un soir, à la tombée de la nuit, on vit passer place Saint-Pierre, et à quelques minutes de distance, plusieurs personnages au moins singuliers par leur accoutrement; ils marchaient tous vers l'Échelle-de-Jacob, cet escalier qui monte sur une des buttes pour aboutir à la rue Berthe ou à la rue Gabrielle.

Montmartre est le pays pittoresque par excellence : tout y est imprévu, les paysages comme les horizons; chaque maison a sa physionomie; la ligne droite et la symétrie ne monteront jamais la montagne; chaque rue, chaque masure y conservera toujours le caractère du vieux Paris sinueux, étrange, mystérieux.

C'est sans doute pour cela que Gérard de Nerval aimait tant Montmartre; c'était là surtout qu'il égarait si bien ses pas et sa pensée qu'il ne savait plus si c'était « le rêve ou la vie. »

VII.

DE QUELQUES FIGURES ORIGINALES.

> L'humanité prend tous les masques pour se tromper elle-même.
> SCHILLER.
>
> Comédie, comédie, tout n'est que comédie.
> SALOMON.

Donc, dans les premiers jours de juin, l'Échelle-de-Jacob était montée par une série de personnages qui avaient bien l'air d'aller à la Cour des Miracles.

Un spectateur de leurs faits et gestes eût remarqué que ces messieurs et ces dames, car il y avait des femmes parmi les hommes, passaient avec quelque inquiétude, quoique la nuit les abritât.

D'où venaient-ils? Où allaient-ils? Ils venaient de partout; ils allaient à la maison abandonnée de la rue Gabrielle où vivait Fine-Champagne.

Ce jour-là Fine-Champagne s'était associée avec

Mme Flambine, une cabaretière alors sans cabaret.

Qu'est ce que Mme Flambine?

Flambine, c'était une forte créature, nez à la Roxelane, yeux éveillés, bouche coquette et coquine, avec une gorge provocante et de jolies mains potelées. La dame Grégoire de Bérenger lui eût rendu des points dans son cabaret.

Flambine chantait dans son rire perpétuel; la chanson était toujours belle, puisque les dents étaient blanches. Elle chantait Fernand Desnoyers, Gustave Mathieu, Charles Coligny, Pierre Dupont, sur des airs de Métra et de Darcier, la chanson romantique s'il en fut. Faut-il le dire, elle chantait aussi les chansons de J.-B. Clément; — Gibet Clément, — comme on l'appelait à Montmartre, présage terrible pour un futur membre de la Commune.

Au cabaret occulte de Flambine on buvait du vin clairet — et tout tournait autour des dilettantes; mais c'était encore l'ivresse attique dans l'ivresse gauloise; on l'émaillait de mots spirituels et truculents. Montmartre sera toujours académique — non à cause de ses ânes — mais parce qu'il n'est pas un cabaret qui ne soit un cénacle, ou qui n'ait son refrain.

Flambine était fort compromise par ses amitiés de la Commune. Elle n'avait plus bouchon sur rue, mais elle donnait encore à dîner mystérieusement.

Elle s'était affublée d'une perruque rousse pour n'être pas reconnue des espions du quartier.

Dès que Fine-Champagne était revenue, elle avait porté ses quatre meubles et ses quatre sous dans la maison abandonnée de la rue Gabrielle.

C'était un sculpteur ou plutôt un praticien qui avait déménagé la nuit la belle et son lit.

Dans l'après-midi, elle avait annoncé à ses amis et à ceux de Fine-Champagne qu'elle ferait salon le soir, parce qu'elle avait une compagnie de peintres, sculpteurs, architectes, pour fêter un de leurs pareils qui allait se marier et disait adieu à la vie de garçon. Flambine était toujours de si belle humeur qu'il semblait impossible que le mensonge sortît de sa bouche : les menteurs sont graves et soucieux. Aussi n'éveilla-t-elle aucun doute sur son monde, ni sur le monde de Fine-Champagne. Et puis la plupart des soupeurs et des soupeuses n'étaient-ils pas des artistes ?

Ce soir-là, donc, on pouvait respirer en s'approchant bien de la maison abandonnée, les fumées d'un lapin de Clichy-la-Garenne, qui promettait un régal démocratique. Flambine n'était pas seulement bonne à verser à boire; elle faisait à l'occasion un brin de cuisine, cuisine française où elle avait l'art de mettre le sel, le poivre, l'oignon, l'ail et la truffe avec la main savante de Richelieu, celui-là qui devint maréchal de France parce qu'il avait bien assaisonné un lièvre tué par Louis XV pour Mme de Pompadour.

Si un fin gourmand comme Monselet fût passé, il aurait senti que le lapin de Clichy-la-Garenne n'était pas ce soir-là la seule attraction du souper; on y respirait les parfums pénétrants d'une soupe à l'oignon qui eût fait sourire béatement un ivrogne; on y respirait aussi les parfums solennels d'une de ces omelettes au lard qui sont un poëme épique pour les affamés. Mais ce n'était pas pour Monselet, ce païen de la décadence, que brûlaient les charbons de Flambine et de Fine-Champagne.

Les deux premiers venus furent un modeleur et un peintre d'enseignes, des amis de Montjoye, ce pauvre Montjoye, qui est mort de faim sous le siége.

Une femme vint ensuite, la grande Chaourse,

qui chantait l'an passé dans un café-concert des Champs-Élysées.

Le quatrième personnage était un ciseleur bien connu de Barbedienne et de Froment-Meurice : celui-là ne portait pas la carmagnole du travail, il s'était déguisé en lieutenant de marine.

Le cinquième et le sixième étaient deux journalistes qui s'étaient formés à l'école du Père Duchêne.

Venaient ensuite deux femmes, Cigarette et Souillon, deux inséparables qui n'avaient pour ainsi dire qu'un lit, qu'une robe et qu'un chapeau; l'hiver, l'une sortait pendant que l'autre restait céans; l'été, comme il fait chaud et qu'on va nu-tête, elles pouvaient sortir toutes les deux, mais elles n'en abusaient pas, on ne les voyait guère qu'entre chien et loup.

A la suite de ces demoiselles, on vit entrer un nouveau personnage, grands cheveux, lunettes de cuivre, nez rubicond, dans une face de pédant.

— Qu'est-ce que cela? demanda Cigarette.

— Cela, dit Fine-Champagne, c'est Antechrist, un homme — de lettres.

— Je ne connaissais pas ce nom-là? Est-ce que monsieur Antechrist *téchrist* dans les journaux?

— Non, monsieur. Je suis homme de lettres, parce que j'écris des lettres pour les cuisinières de Montmartre, correspondance militaire s'il en fut.

— Je comprends : écrivain public.

— Oui, monsieur, reprit Antechrist avec dignité; il y a beaucoup d'écrivains qui n'ont pas le public.

— Allons! allons! monsieur Antechrist, dit Flambine, ne vous fâchez pas.

L'homme — de lettres s'était animé.

— Si je voulais, j'écrirais comme tant d'autres pour les duchesses. J'aime mieux écrire pour le peuple. D'ailleurs, je ne veux pas jeter mon nom aux quatre coins de Paris; grâce à Dieu, je ne suis pas personnaliste, moi, je suis collectiviste, moi; voilà pourquoi je ne dîne jamais seul, moi.

Flambine expliqua l'entrée inattendue d'Antechrist. Il était « son homme — de lettres » et elle était « sa cuisinière. »

— En tout bien tout honneur, dit-elle avec la dignité de l'innocence.

Flambine donnait dans l'épée plutôt que dans la plume. Elle n'avait apprécié les hommes de lettres que le jour où ils s'étaient faits soldats comme Flourens.

On vit arriver clopin-clopant, en veste de velours râpé, un horloger qui s'étonna de venir le dernier. Il avait été blessé au pied.

— Tu ne sauras donc jamais l'heure qu'il est! lui dit Flambine. L'honorable compagnie a failli attendre.

L'horloger, surnommé Midi-à-Quatorze-Heures, dit à Flambine qu'il la priait de ne pas lui chercher midi à quatorze heures; il essuya son front tout perlé de sueur; sa figure exprimait la souffrance.

Il regarda autour de lui, comme pour bien s'assurer qu'il n'y avait pas là un traître.

— Si vous aviez comme moi du plomb dans l'aile, vous ne seriez pas venu si vite. Cette maudite Échelle-de-Jacob, j'ai failli y rester.

Il se versa un demi-verre de vin qu'il but tout d'une gorgée, comme s'il craignait de se trouver mal.

— Ce pauvre Midi! murmura Flambine; autrefois, il s'en allait chopinant, aujourd'hui il s'en va clopinant.

— On va comme on peut, dit Midi en se reversant à boire; autrefois je pouvais me donner deux jambes avec deux chopines, aujourd'hui je ne réussis plus qu'à m'en donner une.

— Ah ! mes enfants, les horlogers ne sont pas heureux dans cette révolution ! vous savez ce qui est arrivé à celui de l'Assomption : il paraît qu'il a voulu faire le malin ; on vient de me raconter cette petite histoire.

Chut ! tout le monde la sait.

On fit pourtant silence pour écouter Midi, qui conta l'histoire déjà connue d'un horloger de ses amis tué midi sonnant, parce que, selon l'expression du conteur, il avait voulu chercher midi à quatorze heures.

Pendant que Cigarette, le peintre d'enseignes et Fine-Champagne causaient ensemble, on parlait haut à l'autre bout de la table.

— Il y a ici des femmes, mais où est la femme? demanda tout à coup Antechrist.

Il ne connaissait que des cuisinières, mais il croyait que c'était des femmes. Il avait peut-être raison.

— La femme, répondit Midi-à-Quatorze-Heures, elle est à Versailles. Ces rebrousse-chemin-là ne nous en laisseront pas une.

— Ils ne sont pas si farouches que cela ; est-ce que Nelly n'est pas libre de faire encore les délices du *Rat-Mort ?*

— On ne dit plus le *Rat-Mort*, on dit le *Razoua*.

— Mais ils ont arrêté Victorine Leroy, sous prétexte qu'elle arrêtait les réfractaires.

— On a arrêté toutes les maîtresses de nos amis, celle de Brunel, celle de Vallès, celle de La Cécilia; mais Olga Dimitrief peut encore faire des manifestations avec son inséparable Nathalie Duval.

— J'espère que la maîtresse de La Cécilia continue à Versailles d'écrire les Mémoires de la Commune de Paris.

— Heureusement on n'a pas fusillé la somnambule de Dombrowski. Tel homme, telle femme : elle était, comme lui, tout évaporée dans ses rêveries.

— Crois-tu à Dieu, toi?

— Non, mais je crois au diable; je suis de l'opinion de Dombrowski et de sa maîtresse : il n'est pas douteux que le monde ne soit gouverné par un mauvais esprit : si Dieu existait, la Commune serait debout.

— Je ne crois qu'aux femmes, et il n'y en a plus. As-tu vu comme elles étaient toutes charmantes sous la Commune? c'était à qui nous ferait la bouche en cœur! Aujourd'hui elles passent sans nous connaître; mais nous aurons notre revanche : ce jour-là, je mettrai toutes les femmes du monde et toutes les coquines à Saint-Lazare.

Cigarette regarda en riant M. Antechrist :

— Et ce jour-là tu te nommeras directeur de la prison.

VIII.

MENUS PROPOS DE TABLE.

> L'état naturel de l'homme est un état de guerre, parce que tous les hommes ont un droit égal à tout.
> HOBBES.
> Cherchons nos morts !
> LES SOLDATS.

D'autres convives étaient survenus.

Il y eut d'abord un beau désordre dans la salle du souper.

On n'avait pas marqué les places ; tout le monde voulait être entre Cigarette et Fine-Champagne.

Souillon n'était pas trop délaissée. La Grande-Chaourse elle-même avait ses adorateurs.

— Oh ! mon Dieu ! dit tout à coup Fine-Champagne, je ne vois plus Thermidor. On a laissé la porte ouverte : le voilà encore perdu. Hier, il m'a fallu courir deux heures pour le retrouver. Il était allé faire une station devant la maison de son maître.

On rassura Fine-Champagne. Presque tout le

monde connaissait Thermidor. On promit de faire une battue à l'aurore dans tout Montmartre, si on ne le retrouvait pas rue des Abbesses.

Cependant le mot « citoyen » courait de bouche en bouche, un mot rayé du dictionnaire de la République depuis la Commune.

— Mes amis, dit Flambine, qui avait apporté la soupe, vous savez que je n'ai pas d'opinion ; j'aime les braves gens, qu'ils soient de Paris ou de Versailles; j'aime surtout ceux de Montmartre ; mais, pour Dieu ! ne prononcez plus le mot *citoyen*, on se croirait dans un club.

— Flambine a raison ! dit Cigarette ; nous ne sommes pas de la canaille; ces messieurs sont des artistes, donc ce sont des aristocrates; pourquoi chercher toujours à se ravaler ?

— Voilà bien Cigarette, dit le peintre d'enseignes ; si je la croyais, je m'appellerais Raphaël ou Rubens; mais elle a peut-être raison : sacrifions le mot à la chose. Soyons des hommes et des femmes; le jour reviendra où nous serons encore des citoyens et des citoyennes.

Mlle Souillon, qui remarquait qu'il y avait encore une place libre, compta sur ses doigts et demanda qui se faisait attendre.

— Vous savez, dit Flambine, il peut survenir un ami qui n'est pas attendu; c'est mon habitude de laisser toujours une place providentielle. Quand je me présenterai au paradis, il y aura comme cela une place pour moi. Mais rassurez-vous, je ne compterai pas onze pour dix dans la carte à payer.

— La carte à payer? tu peux te fouiller! dit le ciseleur; nous ne payerons pas pendant l'état de siége.

— Ne t'emporte pas! reprit Flambine en riant, il y en aura toujours un qui payera pour les autres.

A cet instant on frappa à la porte, mais on frappa six coups, ou trois fois deux coups selon le rite de la franc-maçonnerie.

— Qui vient là? cria Flambine.

— Thermidor! répondit-on du dehors.

Flambine ouvrit sans plus d'informations. Thermidor entra gaiement; il alla droit à Cigarette et la caressa, tout en posant ses pattes sur la table.

— Une place pour Thermidor! dit Cigarette; c'est lui qui payera l'écot.

Naturellement, Thermidor n'était pas entré seul.

Tout le monde regarda les nouveaux venus.

C'étaient Adolphe Ducharme et Monjoyeux : tous les deux étaient en pays de connaissance, puisque Monjoyeux était un enfant de Montmartre et qu'il avait vécu sa plus belle jeunesse avec les artistes.

— Eh bien, en vérité, dit la grande Chaourse, je le jure sur la tête de M. Thiers, sans Thermidor, je n'aurais jamais reconnu...

— Chut! ne prononcez pas mon nom.

Cœur-de-Lion était en soutane et en tricorne.

— N'est-ce pas, mes amis, que je suis bien comme cela?

— On n'avait jamais vu à Montmartre Cœur-de-Lion sans barbe. C'était toute une métamorphose.

— Bravo! dit Flambine, en voilà un qui va faire son salut.

Fine-Champagne avait déjà embrassé Adolphe Ducharme.

— Vous pleurez? lui dit-il.

— Oui, des larmes de joie.

— Monsieur l'abbé, dit Cigarette, voudrait-il nous dire quelle est sa paroisse? j'ai furieusement envie d'aller me confesser.

Et la dame souleva la soutane de Cœur-de-Lion.

— Oh! les jolis bas de soie violets!

— Pourquoi pas? dit Cœur-de-Lion : je suis évêque des Thermopyles, *in partibus?*

— Tu parles déjà latin! Qu'est-ce que cela veut dire, *in partibus?*

— Es-tu bête! dit Souillon; cela veut dire qu'il va partir.

Pourquoi Adolphe Ducharme, qui était en villégiature chez Monjoyeux, était-il venu ce soir-là chez Fine-Champagne et Flambine? C'était la faute de son chien; car voici l'histoire :

Quoiqu'il fût enchanté de sa villégiature chez Monjoyeux, où il voyait venir tous les jours la duchesse de Parisis et Symiane, où il espérait revoir Blanche de Volnay, il avait toujours la fièvre communarde. Il voulait avoir des nouvelles de ses amis. Il voulait savoir si son chien était retourné rue des Abbesses.

Il avait confié son désir à Monjoyeux.

— Rien n'est plus simple, lui dit Monjoyeux; vous vous êtes déjà déguisé en prêtre; j'ai dans mon atelier un costume d'évêque : habillez-vous en évêque et je vous conduirai moi-même ce soir à Montmartre.

Et ils étaient allés tous les deux rue des Abbesses où nul n'avait reconnu Cœur de Lion, hormis Thermidor, qui vint se jeter dans ses bras.

Thermidor était sorti, comme on l'a vu, au moment du souper; il était accouru à son ancienne demeure et il avait reconnu son maître.

Son maître avait voulu l'emmener; mais Thermidor avait eu l'art, par les signes les plus expressifs, d'entraîner son maître rue Gabrielle, au logis de Fine-Champagne et de Flambine.

Et voilà comment les deux amies avaient eu deux convives de plus.

On en avait fini avec la soupe à l'oignon. La merveilleuse omelette au lard fit son apparition. L'évêque des Thermopyles et son ami Monjoyeux furent servis les premiers.

— Ils n'en laisseront pas ! dit la grande Chaourse.

— Voilà comme sont les partageux ! dit Midi-à-Quatorze-Heures.

— Puisque l'évêque des Thermopyles est ici, dit Flambine, nous allons boire du moulin-à-vent — de Montmartre ! — c'est moi qui régale.

Le moulin-à-vent de Montmartre est un petit vin blanc de Suresnes fort émoustillant, un vin jaseur s'il en fut, qu'il faudrait conseiller à quelques membres de l'Assemblée nationale.

Souillon raconta que c'était le vin préféré de Henri IV.

— Pauvre Gabrielle d'Estrées ! dit Cigarette ; vous savez qu'un obus a brisé son buste au Château-Rouge ?

— Oui, mais le roi est mort, vive le roi ! reprit Souillon, car un de mes amoureux m'a fait poser ce matin pour refaire la belle Gabrielle.

— Elle n'en sera pas moins jolie pour cela ! dit un sculpteur en regardant le profil de la demoiselle.

La grande Chaourse fit la grimace ; puis, se retournant vers Cœur-de-Lion :

— Quand je pense, dit-elle, que j'ai pleuré en lisant son article nécrologique ! C'était si bête, que cela avait bien l'air d'être vrai.

— Les morts comme nous reviennent vite ! dit Cœur-de-Lion ; Barrère ne dirait plus : « Il n'y a que les morts qui ne reviennent pas. »

— Sais-tu que c'était bien touchant — dans le journal — quand ta mère se jetait sur ton cadavre, l'inondait de larmes et te conduisait pieusement à Montmartre ! Et ta sœur ?

— Soyons graves ! dit Cœur-de-Lion impatienté.

— Allons, s'écria Flambine, voilà qu'il prend son tricorne au sérieux, mais je ne suis pas édifiée, parce qu'il n'a pas de tonsure.

— Savez-vous pourquoi ? dit Cœur-de-Lion. Il y a deux raisons : la première, c'est que je suis trop grand pour qu'on puisse voir mon chef; la seconde, c'est que personne au monde n'oserait toucher à mon tricorne.

Fine-Champagne prit un air mystérieux :

— Excepté quelqu'un que nous connaissons bien, mais qui n'est pas là.

Elle soupira.

— Qui donc ?

— Pardieu ! Carnaval.

— Pauvre Carnaval ! dit Adolphe Ducharme, il est sans doute sur les pontons.

— Il paraît qu'il l'a échappé belle...

— Oui, oui. Heureusement qu'il était bon comédien; car, après avoir joué tous les rôles, il a fini par jouer le mort à la Roquette. C'est ce qui l'a sauvé.

Et ceux qui savaient l'histoire la contèrent à ceux qui ne la savaient pas.

Une voix de tonnerre retentit du dehors, côté du jardin.

Les contre-vents venaient de s'ouvrir.

— Vous contez mal l'histoire! cria-t-on.

Tous les yeux se tournèrent vers ce nouveau venu.

Il y avait une vitre cassée.

On vit passer à cet instant la tête d'un parfait notaire dans une cravate blanche.

C'était Carnaval.

On ouvrit la fenêtre.

Carnaval fit majestueusement son entrée sous le rire homérique des convives.

Il avait eu beau se grimer en parfait notaire, on l'avait reconnu à ses cheveux hérissés, à son œil de feu et à sa stature herculéenne.

Mlle Souillon était allée au-devant de lui; mais il était déjà dans les bras de Fine-Champagne. Il se tourna vers Mlle Souillon et prit sa place sans façon, pour la faire asseoir sur ses genoux.

— Oui, mesdames et messieurs, dit-il en se composant un maintien pacifique, vous voyez en moi un officier ministériel, avoué, notaire, huissier, comme il vous plaira! Voulez-vous que je fasse un testament ou un contrat de mariage? Voulez-vous que je prenne des conclusions contre nos adversaires? Voulez-vous que je procède à une saisie?

Carnaval étreignit dans ses bras Mlle Souillon.

La belle embrassa Carnaval et lui dit :

— Maintenant que vous êtes payé, levez les scellés !

Carnaval n'avait pas encore reconnu Adolphe Ducharme, qui était à l'autre bout de la table.

Il se leva soudainement et courut lui serrer les mains.

— Voyez-vous cette grosse bête, dit Fine-Champagne avec joie, le voilà qui pleure tout comme moi.

Carnaval se hâta de rassurer Cœur-de-Lion sur le sort d'Angéline Duportail.

Il conta comment il l'avait délivrée de la prison de Satory, et comment elle était rentrée dans le monde, sous la figure d'une noble étrangère qui ne parlait pas un mot de français.

— Et pourquoi es-tu venu ici? demanda Fine-Champagne à Carnaval.

— Parce que M. Antechrist, écrivain public, a

écrit à une femme de chambre de ma connaissance, qu'on souperait ce soir chez Fine-Champagne.

— C'est vrai, dit Antechrist, ce sacré Carnaval connaît toutes nos femmes.

Monjoyeux s'était levé pour prendre congé de ce monde étrange.

Deux fois déjà il avait averti Adolphe Ducharme qu'il était temps de partir; mais l'ex-colonel des fédérés était si heureux de se retremper parmi les siens, qu'il ne pouvait encore se décider à leur dire adieu.

— Encore un instant! dit-il à Monjoyeux; je vous promets de calmer votre femme, si elle vous montre ses jolies dents.

Monjoyeux se résigna à rester un quart d'heure de plus.

Il s'amusait d'ailleurs du spectacle. Il y avait longtemps qu'il n'avait vu de pareilles originalités. Il aimait les caractères quels qu'ils fussent, depuis le marquis jusqu'au voyou. Pourvu que l'humanité se montrât dans son libre arbitre, il était content du personnage.

Il y avait là un peu de tous les mondes, même du meilleur, même du plus mauvais.

On parla des absents. Où était Félix Pyat? Où était Jules Vallès?

Le ciseleur dit, d'un air mystérieux, que Pyat n'était plus qu'un mythe, mais que Vallès, après avoir été fusillé six fois, pourrait bien chanter la « Femme à barbe » sur quelque tréteau de foire champenoise pour amuser les Prussiens.

Ce fut vainement que Monjoyeux détournait de la politique par son esprit d'enfer. On y revenait toujours.

On mit en doute la mort de Raoul Rigault; mais le modeleur savait ceci de première main: le ci-devant préfet de police croyait à une défense beaucoup plus longue : voilà pourquoi, le jeudi matin, il fut très-surpris de voir tout le Pays latin cerné par les troupes de Versailles. Il monta lestement chez une de ses petites amies, rue Gay-Lussac; mais un soldat qui avait bon œil vit son képi par la fenêtre. On apprit qu'il y avait là une maîtresse d'un membre de la Commune. On fouilla la maison; on commença par saisir le propriétaire. Qui le croirait? ce fut avec orgueil que Raoul Rigault descendit quatre à quatre en disant: « Vous cherchez Raoul Rigault? le voilà! »

— On voulut conduire Rigault au Panthéon comme Millière. « Aux grands hommes, la patrie reconnaissante ! » dit un officier. Mais Raoul ne se laissa pas conduire comme un mouton à l'abattoir. Il insulta l'officier, qui n'insulta pas, mais qui, pour dernière raison, lui tira son revolver à bout portant.

— Axiome communal, dit Cigarette : ne jamais se cacher chez une maîtresse. J'en connais beaucoup qui se cachent ainsi, mais j'ai bien peur pour eux.

— Combien en caches-tu chez toi, Cigarette ?

— Oh ! pas un seul ! on connaît mes mœurs.

— Eh bien, tu n'auras plus peur pour Salvador Daniel : il a été dénoncé par une abominable portière; on l'a trouvé qui composait de la musique arabe : une marche guerrière qu'on jouera un jour au Conservatoire. On l'a fait descendre sur le quai Conti. « Vous étiez membre de la Commune ? lui dit un officier. — Non ; j'étais directeur du Conservatoire. » Par malheur pour celui qui avait remplacé Auber, un officier tomba alors sous des balles venues on ne sait d'où. « Conduisez cet homme ! dit un capitaine à deux soldats. — Où vais-je ? demanda Salvador. — Au Luxembourg ! »

répondit le capitaine. Le musicien s'imagina qu'il était prisonnier; il roula une cigarette et marcha en avant. « Avez-vous du feu? » dit-il à ceux qui le conduisaient. Un des deux soldats tomba comme l'officier d'une balle venue du Pont-Neuf. « Tu veux du feu? dit le second soldat; je vais t'en donner : en voilà ! » Disant ces mots, il mit en joue Salvador, qui alla allumer sa cigarette chez Pluton.

— Oui. Souillon l'a vu qui tenait encore sa cigarette ; il est resté au coin de la rue de Seine pendant toute la journée.

— C'est Souillon qui en est revenue d'une belle ce jour-là ! Elle voulait traverser le boulevard Montmartre ; mais les Versaillais tiraient d'un côté, les gardes nationaux tiraient de l'autre. Un lieutenant des fédérés veut se dévouer; il met son mouchoir au bout de son sabre, il s'avance crânement au bout de la barricade, conduisant Souillon : il s'imaginait qu'une femme est sacrée dans la bataille ; mais une balle l'arrêta en chemin dans sa galanterie. Souillon eut le temps d'aller se blottir contre une porte cochère; elle assista à ce spectacle que je vais vous dire : Un fédéré voulut courir pour enlever son lieutenant;

comme il arrivait près de lui, il tomba à ses côtés. Un troisième se dévoua; celui-là avait déjà le lieutenant dans ses bras, quand il fut atteint à tour. Tout affolée, Souillon se précipita; elle saisit le sabre du lieutenant et marcha bravement vers les soldats, qui tiraient toujours. Tout d'un coup, elle comprit qu'elle était tout aussi ridicule qu'héroïque, elle se déroba aux balles et aux applaudissements.

— C'est vrai, dit Souillon qui avait écouté son histoire.

Flambine fit remarquer à ses convives qu'ils étaient ennuyeux comme le journal du soir.

— En vérité, messieurs, s'écria Fine-Champagne, on dirait que mon vin n'est pas bon; car vous avez tous le vin triste.

— Elle a raison! dit le peintre d'enseignes; ce qui est passé est passé; hier n'existe plus; vivons pour demain!

— Je porte un toast à l'avenir, dit Cœur-de-Lion.

— Buvez donc aux femmes, dit la grande Chaourse : c'est là qu'est l'avenir; car si nous ne vous faisons pas d'enfants, vous ne trouverez plus de révolutionnaires.

— Messieurs, dit le sculpteur, la grande Chaourse parle comme un livre. Puisque les hommes ne sont pas des hommes, espérons dans les enfants. Les enfants nous vengeront des Prussiens.

— Et des réactionnaires ! s'écria le citoyen Antechrist.

— Chut ! dit Fine-Champagne ; foi de Carnaval, je vous mets tous à la porte si vous faites de la politique. Il n'y a pas d'autre politique à faire que de faire des enfants.

— Buvons aux mères de famille ! dit Cœur-de-Lion.

— Hé, là-bas ! on ne boit pas et on ne rit pas, dit la grande Chaourse à Monjoyeux.

Monjoyeux daigna répondre :

— Je suis triste de votre gaieté ; il n'y a vraiment pas de quoi rire, d'ailleurs, quand on voit cette décadence du peuple le plus spirituel du monde. La France, c'est le Bas-Empire. Ma dernière illusion est tombée sous votre bêtise à tous et à toutes. Quand je pense que vous avez eu le pouvoir sous la main, et que vous n'en avez rien fait, si ce n'est du mal ; c'était bien la peine d'aller à l'Hôtel-de-Ville ! Au lieu d'y instituer la France du travail et de l'intelligence, vous n'y avez institué que la ruine et l'assassinat. Vous avez voulu dépasser 93 par l'incendie : Saint-Just, qui voulait refaire le monde, aurait horreur de pareils concitoyens. Vous avez tué votre cause ; rappelez-vous Jésus-Christ, qui n'a triomphé que par la douceur.

Mlle Souillon, qui en tenait un peu pour la Commune, interrompit l'orateur :

— Est-ce que tu t'imagines que tu es dans une colonne de journal ? Va te faire imprimer !

Souillon prenait Monjoyeux pour un journaliste.

— Ma chère, va te faire réimprimer ! dit Monjoyeux à Souillon.

Mlle Souillon se tourna vers Cœur-de-Lion :

— Est-ce que vous n'êtes pas indigné de tout ce qui se débite là ?

— Non, répondit-il ; il a raison. Le pouvoir ne sera jamais qu'une dictature ; le 18 mars, au lieu de faire un appel à l'élection communale, il fallait nommer un comité de salut public composé de Delescluze, de Flourens, de Beslay, de Vallès, de Pyat, de Cluseret, de Dombrowski et de moi. Il fallait supprimer tous les journaux et ne pas faire d'otages. Il fallait organiser une défense sérieuse en fermant les cabarets ; on n'aurait eu que vingt mille combattants, mais ceux-là ne se fussent pas repliés. On a profané les églises, on devait y faire dire la messe pour notre République : il ne faut jamais déclarer la guerre à Jésus-Christ ; l'Évangile était pour nous, nous avons bêtement déchiré l'Évangile. Au lieu d'ouvrir les prisons, que n'y a-t-on enfermé tous les voleurs qui se masquaient sous le drapeau rouge ?

Flambine se jeta dans les bras de Cœur-de-Lion.

— Il faut que je vous embrasse ! dit-elle ; tout ce que vous me dites là me va au cœur : voilà comme je suis républicaine. Telle que vous me voyez, moi, il faut que j'aille à la messe.

Le ciseleur prit la parole pour commenter la monstrueuse théorie des incendiaires et des assassins. Il dit que si la guillotine ne travaillait pas beaucoup, on n'arriverait jamais à « couper la parole » à tous les réactionnaires. Il voulut prouver que si tous les monuments publics étaient incendiés, le vieux monde oppresseur resterait toujours debout.

Cigarette aimait trop les arts pour ne pas s'indigner ; elle rappela que ses meilleurs moments étaient ceux qu'elle passait dans les ateliers de Cabanel, de Baudry, de Clesinger et de Perraud. Elle versa une larme sur les tombes toutes nouvelles de Henri Regnault et de Victor Giraud.

— Quand on pense, dit-elle, à toutes les belles choses qu'ils auraient faites tous les deux, si cette terrible guerre ne les eût pas frappés !

Elle conclut par ces mots : Point de République sans Beaux-Arts. S'il n'y avait plus de peintres, ni de sculpteurs, l'avenir connaîtrait-il les beautés cachées de Mlle Cigarette ? Car elle avait posé ici pour la Vertu et la Pudeur, là pour la Perle et la Vague, des nudités non pareilles.

On croyait que le cri de vérité de Monjoyeux allait mettre tout le monde sens dessus dessous : il se trouva donc que tout le monde était d'accord, moins le ciseleur. Il était demeuré silencieux pour mieux ciseler une phrase à deux tranchants, quand un grand bruit se fit dans la rue.

— Que peut-il se passer ?

Quelques fronts se rembrunirent, quoique déjà on ne fût pas bien gai.

— Allons, voilà la chasse aux insurgés qui recommence ! dit Cœur-de-Lion.

— Ne craignez rien! dit Flambine, ce n'est pas la rousse, car elle procède en silence.

Elle passa dans le jardin et fit le tour de la maison.

— Je me trompais, dit-elle en rentrant presque aussitôt; c'est une perquisition dans la maison d'à côté. On pourrait bien venir ici. Je sais bien qu'on ne s'inquiète pas de gens qui soupent si bien; mais, si on vient, l'évêque des Thermopyles ne passera pas comme une lettre à la poste.

A peine eut-elle parlé qu'on frappa à la porte.

IX.

LES REVENANTS

> La république de Venise était ambitieuse : elle voulait conquérir l'empire ottoman. La république de Saint-Marin était pacifique et n'a jamais eu que l'ambition de conquérir un moulin à vent, — et encore elle l'a rendu.

Les convives se regardaient avec inquiétude.

Qui pouvait venir à onze heures dans un temps où tout le monde avait hâte la nuit d'être chez soi?

On n'attendait plus personne. On craignit d'avoir été trahi.

— N'ayez pas peur ! dit Fine-Champagne ; j'ai dit que je donnais un repas de noces, le notaire est là, l'évêque aussi, Cigarette passera pour la mariée : faisons bonne figure.

Elle alla bravement ouvrir la porte.

On n'a pas oublié la célèbre scène de Candide qui eût été si comique dans le théâtre de Voltaire (si Voltaire eût fait une comédie au lieu de faire un conte) quand viennent à Venise tous les rois découronnés.

La même scène de haute comédie se joua encore chez Fine-Champagne et chez Flambine quand on vit entrer à la file tous les rois de la Commune qu'on croyait fusillés ou en fuite. En effet cette fois, quand la porte s'ouvrit, apparurent tour à tour une foule de revenants qui se portaient fort bien : Pyat, Lefrançais, Vermesch, Vallès, Bergeret, Razoua, Marancourt, dans les costumes les plus invraisemblables, avec quelques barbes en moins.

L'un était déguisé en gendarme, l'autre en ambulancier américain, celui-ci en marin, celui-là en aumônier.

On ne les reconnut pas.

Ils ne se reconnaissaient pas eux-mêmes.

— Oh! pour le coup, dit Carnaval, voilà une belle entrée en scène.

Adolphe Ducharme et Monjoyeux étaient revenus dans la salle du festin.

— Oui, mes amis, dit Félix Pyat avec son malin sourire, c'est Félix Pyat lui-même, déguisé en Félix Pyat. Tous les journaux m'accusent d'être un franc-fileur et de m'évanouir comme Rochefort à l'heure du combat; la vérité, c'est que j'ai été partout, défiant la mort, comme Delescluze. Mais la mort a jugé que j'avais encore quelque chose à faire.

— Eh bien ! dit Cigarette, qui avait de la littérature, il faut que M. Félix Pyat fasse un drame en cinq actes.

— Non, non ! dit Félix Pyat : il n'y a plus ni théâtre ni comédiens. Et puis quel drame voulez-vous faire quand l'humanité est à son cinquième acte!

L'ex-membre de la Commune s'était approché de Monjoyeux et d'Adolphe Ducharme. Naturellement il fit, en fort beau style, une critique terrible de la comédie de la Commune. Jamais feuilleton du lundi n'avait mieux parlé d'un horrible mélodrame.

Là-dessus, on fit sauter le bouchon de quelques bouteilles de vin de Champagne; mais les gens sérieux de la bande y trempèrent à peine les lèvres.

On entendit du bruit à la porte d'entrée.

—Cette fois, c'est grave ! dit Cigarette, car voilà Thermidor qui aboie : ce n'est plus un ami qui frappe, c'est un ennemi.

— Est-ce que vous avez peur quand je suis là? dit Carnaval en se levant. Calmez-vous. Quand il y aurait quatre hommes et un caporal, je vous promets de les désarmer et de les jeter par la fenêtre. Quoi qu'il arrive, vous aurez toujours le temps de fuir par le jardin.

Thermidor aboyait toujours.

— A ton tour, Flambine! dit Fine-Champagne. Tu entends? on frappe une seconde fois.

Flambine se tourna vers Cigarette :

— Ma petite Cigarette, vous avez la langue bien pendue! Allez donc un peu engueuler ceux qui frappent si tard.

— Oh! moi je ne suis pas brave, dit Cigarette.

Et elle se cacha à demi dans les bras de Monjoyeux.

Flambine se décida à aller ouvrir.

Carnaval la suivit de près, décidé à faire une barrière vivante entre la force armée — si c'était elle — et ses amis Félix Pyat et Adolphe Ducharme.

Thermidor suivit Carnaval, décidé à sauter à la gorge des importuns.

C'était la force armée.

— Une idée! dit la grande Chaourse, je vais me

sacrifier sur l'autel de la patrie. Je cours là-haut, je me couche dans le lit de Flambine ; vous dites tout bas aux chercheurs de fédérés qu'il y a quelqu'un de caché et de couché. Ils montent pour me saisir. Pendant que je me débats avec eux, on joue des jambes.

— Elle a peut-être raison, dit Carnaval.

Et se tournant vers Thermidor :

— Mon vieux, gardons nos dents pour une autre occasion.

La grande Chaourse était déjà montée.

Félix Pyat resta à table avec Monjoyeux. Adolphe Ducharme et Carnaval firent un tour de promenade dans le jardin.

Flambine ouvrit. Quelques soldats entrèrent.

— Qu'est-ce qu'on fait ici ? demanda le sergent qui les guidait.

Flambine les salua gracieusement.

— Messieurs, dit-elle, nous sommes ici en famille : ces messieurs sont des artistes, ces dames sont des modèles ; on n'a jamais fait de politique chez moi.

Deux soldats étaient entrés.

— On nous a déjà dit qu'un faux curé se cachait ici.

— Oh ! vous pouvez fouiller la maison ; mais commencez par boire un coup avec la compagnie.

Les soldats voulaient refuser ; mais en voyant pétiller le vin de Champagne, ils décidèrent que ce n'était pas là un vin communeux. Toutefois, après avoir étudié les physionomies des convives :

— Cela ne nous empêchera pas de faire notre devoir ! dit un gardien après avoir vidé sa coupe.

— Eh bien, montez là-haut, messieurs ! reprit Flambine d'un air mystérieux ; mais prenez garde de réveiller une dame qui dort dans mon lit.

Et elle ajouta malicieusement :

— N'allez pas croire que c'est un insurgé !

Un soldat parla à l'oreille du gardien de la paix ; l'autre le regarda d'un air d'intelligence : tous deux s'imaginaient que la dame couchée était le curé.

Dès qu'ils furent dans l'escalier, on conseilla à Cœur-de-Lion de prendre le train express.

Mais au moment où Cœur-de-Lion prenait Thermidor dans ses bras pour franchir la porte, il trouva à qui parler. Un gardien de la paix s'écria :

— On ne passe pas !

— J'ai un passe-port ! dit Cœur-de-Lion en prenant la chose gaiement.

Thermidor, qui grognait sourdement, prouva au gardien que son maître avait un passe-port. Le colonel pouvait jeter son chien à la figure de cette sentinelle trop avancée ; mais il aima mieux rentrer, en disant qu'il avait oublié son parapluie.

Il alla faire une seconde station dans le jardin.

Cependant que se passait-il en haut ? Le premier gardien de la paix avait appréhendé au corps la grande Chaourse. Comme elle n'avait pas plus de cheveux que Titus, — ce n'était pas le seul point de ressemblance, — puisqu'elle faisait aussi tous les jours un heureux, les soldats s'écrièrent :

— C'est un homme !

— Moi, un homme ? dit-elle en se soulevant, pour protester par la beauté de ses épaules, de son cou et de son sein.

Car elle s'était bravement déshabillée.

— Nous allons bien voir ! dit le chef des gardiens.

Mais la vertu s'effaroucha.

— Non, vous ne verrez pas !

Elle se rejeta au fond du lit.

Par malheur, Flambine avait un amoureux. Cet amoureux sans pudeur — le praticien — avait laissé sa culotte des dimanches entre les deux matelas. Et une des jambes de la culotte passait !

— Qu'est-ce que cela? demanda le sergent d'un ton sévère.

La grande Chaourse comprit combien sa situation était délicate. Elle était résignée à tous les sacrifices. Il lui vint cette belle idée que si elle se dévouait en se faisant passer pour un homme, les soldats, fiers de leur trouvaille, ne songeraient pas à inquiéter les insurgés de marque avec qui elle avait trinqué glorieusement.

Elle était convaincue que par ce stratagème elle sauverait ses amis, et qu'elle ne tarderait pas à être mise en liberté.

— Oui, dit-elle avec enthousiasme, je sauverai Cœur-de-Lion !

Elle avait toujours eu un brin d'amour pour l'ex-colonel des fédérés.

Il lui était doux de croire qu'elle se sacrifiait pour lui.

Le sergent lui ordonna de s'habiller.

Elle demanda Flambine, qui vint tout de suite ; elle lui dit tout bas :

— La culotte de ton amoureux est là ; mais ses autres habits, les as-tu ?

Flambine comprit vaguement. Elle décrocha

dans un placard les plus beaux habits de son praticien.

La grande Chaourse pria le sergent d'emmener ses soldats à la porte.

Ce que fit l'un d'eux d'assez mauvaise grâce, car celui-là n'était pas convaincu qu'il avait sous les yeux un homme ; il aurait mieux aimé assister à la toilette de la grande Chaourse.

Quand elle se fut habillée en homme, elle passa gaillardement devant ceux qui l'attendaient.

Ce fut ainsi qu'elle traversa la salle du festin.

Fine-Champagne voulut l'interroger.

— Chut ! lui dit la grande Chaourse ; tu comprendras plus tard.

Il fallait une victime après le festin, comme dans l'antiquité : on se résigna à pleurer celle-là ; c'est-à-dire qu'on ne pouvait pas s'empêcher de rire.

La porte se referma, et on se remit à causer après boire, en parlant des vertus de la grande Chaourse : ce qui ne s'était jamais vu.

X.

LA COURSE AU CLOCHER.

> Tu as échappé à la justice, mais tu n'es pas libre devant ta conscience, qui te met les menottes le matin et qui t'emprisonne jusque dans tes songes la nuit.

On se croyait délivré des chercheurs de fédérés, on buvait une fois encore à la santé de tous les revenants, quand tout à coup on distingua un coup de sifflet qui retentit dans le jardin.

— Nous sommes décidément arcpincés ! dit Midi-à-Quatorze-Heures, qui ne pouvait pas courir en cas d'attaque.

— Allons donc ! dit le ciseleur, il n'y a ici que des artistes.

Le sculpteur remarqua avec mélancolie qu'il y avait surtout des artistes en révolution.

Un second coup de sifflet avait suivi le premier, s un troisième, puis un quatrième.

— Oh! oh! s'écria Flambine, toute la police est campée autour de nous ; on ne m'a pas crue sur parole. Mes enfants, il faut prendre la clef des champs! Vous savez le chemin.

La maison de Fine-Champagne n'était pas trop mal située pour abriter ses amis. On pouvait en un instant, par le petit jardinet, escalader le versant de la montagne, qui gagne la rue Saint-Rustique, pour se disperser par la rue des Rosiers.

On tint conseil, un conseil de quelques secondes. Il fut décidé que pendant que ceux qui n'avaient rien à débattre avec la révolution tiendraient en échec, par des discours fallacieux, les hommes de la police, ou même les soldats, les véritables insurgés iraient se cacher sur l'autre versant de la montagne, où ils connaissaient plus d'un bon endroit.

M. Antechrist grimpa sur un ébénier touffu.

Quand la porte s'ouvrit à la fin, après trois sommations des moins respectueuses, ceux qu'on cherchait fuyaient à toutes jambes.

Après avoir escaladé la montagne, sans s'inquiéter des murs à franchir, se faisant la courte échelle et se soulevant à tour de rôle, Adolphe Ducharme et Carnaval se trouvèrent rue des Rosiers, tout juste devant la célèbre maison du Comité central.

Thermidor était du voyage.

Cette maison, de souvenir sinistre, est tout simplement une maison bourgeoise comme on les fait dans les villes de province où le vrai luxe c'est le confortable. Architecture de maçon s'il en fut : on dirait un livre écrit par un maître d'école. Ce serait à mourir d'ennui si la nature n'y mettait pas la main ; mais le jardin est là, avec ses arbres, sa pelouse et ses treilles.

Ce mot de treilles glace le cœur, quand on pense que sur la treille même de cette maison de la rue des Rosiers se sont appuyés deux généraux français, pour être fusillés par des soldats français avinés de révolution, qui ne voulaient plus de généraux.

J'ai vu la treille cet automne ; elle était admirable. La nature, dans sa grandeur, porte un éternel défi à l'homme ; elle rit quand il pleure.

Cette maison où on va en pèlerinage pour étudier le point de départ de la révolution du 18 mars, M. Scribe y allait gaiement pour écrire les *Contes de la reine de Navarre*. Qui lui eût dit, à ce Parisien d'opéra-comique, qu'un pareil drame se jouerait un jour sous la fenêtre où il écrivait, sur la treille où il égrenait le raisin, en compagnie des merles et des grives ?

Adolphe Ducharme résolut de ne pas aller plus loin et de se cacher dans cette maison.

— Vous avez raison, mon colonel ! dit Carnaval ; ils n'auront pas l'idée de venir nous prendre là.

Ils firent le tour pour entrer par le jardin, en escaladant la grille.

Il y avait grand émoi dans tout Montmartre ; on fouillait à perte de vue : on arrêta cette nuit-là plus de deux cents fédérés. La seule maison qu'on ne fouilla pas ce fut la maison Scribe, plus connue sous le nom de maison du Comité central.

Comme l'avait pensé Ducharme et Carnaval, la police ne pouvait se douter que des repris d'insurrection osassent se cacher dans un pareil lieu, d'où les Montmartrois se détournaient même en plein jour, depuis qu'on voit des fantômes rôder par là.

Thermidor comprenait la gravité de la situation ; aussi il écoutait sans pousser un seul cri.

Pendant que Cœur-de-Lion, Carnaval et Thermidor échappaient au danger, Monjoyeux opposait une belle défense aux chasseurs de fédérés.

Il demanda à parlementer.

Il prononça un long discours sur les horreurs de la guerre civile. Les soldats voulaient passer outre, tout en le faisant prisonnier. Mais il les abrutit par son éloquence.

Quand il jugea que Cœur-de-Lion avait gagné du terrain, il se livra aux chaînes comme le meilleur ami du préfet de police.

— Cet homme se moque de nous ! dit un agent de police.

Et l'on se jeta sur la trace de ceux qui avaient fui, tout en gardant Cigarette, Souillon, Flambine et Fine-Champagne.

Midi-à-Quatorze-Heures s'était caché sous la table, un bon endroit pour un homme qui n'avait plus qu'une bonne jambe et qui avait trop bu.

Ce fut, à travers les jardins en amphithéâtre, une course au clocher à donner le vertige.

On ne parvint à saisir que le ciseleur et le praticien.

Aussi, quand Flambine apprit cela, elle se jeta par la fenêtre.

Fenêtre du rez-de-chaussée !

XI.

MASCARADE.

> Comment reconnaîtrait-on la femme, puisqu'elle ne se reconnaît pas elle-même ?
> ROGER DE BEAUVOIR.

> Nous nous sommes bien aimés. — D'où vient que nous sommes si tristes ? — C'est que nous nous retrouvons sans l'amour. La nuit se fait en nous. Qu'est-ce que l'amitié, après l'amour ? Un clair de lune après un coup de soleil !
> OCTAVE DE PARISIS.

On se rappelle qu'Angéline Duportail était allée se réfugier à l'hôtel de la Chasse, dans une chambre portant le n° 7, à côté d'une chambre occupée par Diane Ducharme.

Elles devinrent amies en quelques heures.

Diane Ducharme avait fait un chemin si rapide hors du bon chemin, qu'elle pouvait sans rougir aller bras dessus bras dessous avec la maîtresse de son frère ; il ne lui avait fallu que trois mois pour tomber au niveau des plus perverties ; mais comme elle gardait dans sa jolie tête une adorable expression de candeur sous le sourire des filles perdues, on lui restait presque sympathique quand on la connaissait, — et même quand on ne la connaissait pas.

On croyait aisément que c'était une victime de la force des choses ; si elle était tombée ainsi, c'était en se heurtant à la fatalité.

On accusait le comte de Volnay, car on savait toute l'histoire. Versailles est une petite ville pour les cancans ; la gazette qui se rédigeait alors à l'hôtel des Réservoirs était plus abondante en nouvelles à la main que le *Figaro*, le *Gaulois*, *Paris-Journal*, et la *Gazette de Paris*.

Dès le jour où Angéline Duportail devint l'amie par rencontre de Diane Ducharme, on les vit toutes les deux, dans la victoria de la jeune fille, courir les allées discrètes de Trianon.

Angéline Duportail, selon son désir, avait trouvé une adorable perruque blonde, qui, avec un costume de batiste écrue, acheté passage Saint-Pierre, la métamorphosait à s'y méprendre, d'autant qu'elle parlait anglais à haute voix.

Pour achever le travestissement, elle enfourchait à chaque instant un lorgnon d'écaille.

Elle n'avait pas oublié de se faire une petite mouche à la pierre infernale.

Adolphe Ducharme lui-même ne l'eût pas reconnue en cet attirail.

Le bruit de la fuite d'une prisonnière de Satory s'était répandu dans tout Versailles. On paraissait la regretter beaucoup cette prisonnière, parce qu'elle passait pour avoir tous les secrets de la Commune. On disait que c'était une femme bien élevée qu'un amour insensé avait entraînée jusque dans les crimes de la dernière semaine.

Quelques jeunes gens qui connaissaient Diane Ducharme lui contèrent cette aventure devant la grande pièce d'eau du Tapis-Vert.

Angéline Duportail demanda des détails en parlant toujours anglais ; un des jeunes gens lui répondit tant bien que mal, quoiqu'il ne parlât qu'un anglais d'occasion.

— Et comment est cette fille ? disait l'ex-amazone d'un air dédaigneux.

— Oh ! vous savez, répondait le jeune homme, une de ces créatures qui n'ont plus le souci d'elles-mêmes ; mais on dit qu'elle est fort jolie.

Survint le détaché d'ambassade qui avait fait la cour à Diane Ducharme ; il connaissait beaucoup

Angéline Duportail. Comme elle n'avait pas peur de lui, elle se hasarda à le braver, mais toujours en parlant anglais ; elle lui prit le bras et lui dit mille jolies choses. Il ne comprenait qu'à demi-mot, mais il fut ravi de voir une Anglaise si animée et si spirituelle.

Il n'avait jamais vu de plus beaux cheveux blonds ; en moins de dix minutes, il était éperdument amoureux d'Angéline Duportail.

— Je suis sauvée, dit-elle à Diane. Jamais on ne me reconnaîtra.

Quand Diane Ducharme et Angéline Duportail furent rentrées le soir à l'hôtel de la Chasse, elles écrivirent deux lettres.

Diane Ducharme à Marguerite, avec l'abondance d'une fille qui se moque de tout.

Angéline Duportail à Adolphe Ducharme, avec la passion d'une femme qui a peur de tout.

Naturellement, on ne mit pas le nom d'Adolphe Ducharme sur l'enveloppe : les lettres furent adressées à Mlle *Marguerite*, *rue Saint-Lazare*, *Paris*. Diane se garda bien de mettre le nom de Ducharme, qui n'était pas en odeur de sainteté depuis la Commune.

Voici la lettre de Diane à Marguerite :

Ma chère Marguerite,

Tu t'imagines peut-être que j'ai tout oublié en m'oubliant; détrompe-toi, je te porte toujours dans mon cœur. Je serais très-heureuse si je ne pensais à toi et à maman. Chacune a sa destinée; vois-tu : je n'étais pas faite pour les grandes vertus ni pour les petites. Toi tu es un ange, moi je suis un diable.

J'espère toujours que tu seras heureuse ; mais prends garde à toi : j'étais furieuse, hier, en apprenant que ton beau capitaine Henryet est sur le point de te planter là, à la veille de la cérémonie, pour une ci-devant du faubourg Saint-Germain, Mlle Blanche de Volnay.

J'ai peut-être tort de te dire cela, mais je serais si désolée de tes désolations ! Je veux bien qu'on me trompe, moi, mais je ne veux pas que tu sois trahie. Tu es digne de toutes les bénédictions du mariage ; il faut que le capitaine t'épouse, même s'il est commandant. Tu seras si belle, avec ta robe blanche et tes fleurs d'oranger !

Surtout, n'oublie pas, le jour de tes noces, de te faire des pendants d'oreilles en fleurs d'oranger. Tu sais que j'ai essayé un jour devant toi, avec celles de maman ; ces pendants d'oreilles-là m'allaient mieux que mes pendants d'oreilles en diamants. Chut ! si maman le savait ! Elle dirait que je ne porterai jamais de ces pendants d'oreilles.

Embrasse-la pour moi, sans lui dire d'où cela lui vient.

Ta petite folle,

DIANE DUCHARME.

Marguerite répondit par cette lettre :

Ma chère Diane,

J'ai été bien heureuse de recevoir une lettre de toi ; la solitude est si grande ici, que ton souvenir m'a fait revivre un instant ; car je suis comme une morte depuis longtemps. Il me semble, vois-tu, que je me survis à moi-même : ce que j'avais de meilleur est au tombeau. Mes rêves, mes illusions, mes espérances, tout cela est couché dans le linceul, pour ne plus se relever ; aussi je n'ai pas le courage de te prêcher et de jeter mon fantôme dans tes joyeuses folies : sois heureuse, puisque le bonheur ce n'est ni la vertu ni la raison.

Je me suis enveloppée dans le devoir comme dans une armure. Le devoir m'a glacée.

J'ai une grande nouvelle à t'apprendre : Je renonce au monde ; je vais entrer au couvent. Je t'ai déjà parlé des Carmélites de la rue de Messine.

C'est là que je vais me réfugier toute en Dieu ; je suis

trop malheureuse pour vouloir faire le malheur d'Eugène Henryet. Il est revenu; c'est un homme d'honneur. Il m'a dit que les crimes de mon frère ne l'empêchaient pas d'être fidèle à sa parole et à son cœur.

Ce mot m'a révolté, j'ai senti d'ailleurs que s'il était encore fidèle à sa parole, il n'était plus fidèle à son cœur. Comme tu me le disais naguère, il a été depuis quelque temps plus occupé de Mlle de Volnay que de moi-même.

Ce n'est pas à lui à se sacrifier, c'est à moi.

Te le dirai-je ? je trouve dans le sacrifice une volupté plus douce que dans l'amour même. Il sera heureux ! Mon cœur est déchiré : plus je souffrirai, plus je sentirai Dieu près de moi.

Tu ne comprends pas cela, toi, car tu es née pour la vie; mais moi, je suis née pour la mort.

Te rappelles-tu cette parole d'un de nos amis : « Marguerite est si triste, qu'elle semble porter son deuil. »

Notre pauvre mère se résigne à vivre seule; Adolphe lui reviendra-t-il? Je ne l'espère pas. Lui reviendras-tu toi-même ? Pourquoi désespérer ?...

Adieu ! ma chère Diane. Je te demande une grâce : c'est de faire une prière à Dieu chaque fois que tu penseras à moi; ce sera la première station vers le repentir.

Marguerite Ducharme.

Voici maintenant l'histoire de la dernière entrevue d'Eugène Henryet et de Marguerite Ducharme :

Un matin, le capitaine, devenu le commandant Henryet, était entré à l'improviste chez Mme Ducharme.

— Vous arrivez bien à propos ! lui dit-elle.

Elle sonna pour appeler Marguerite.

— Figurez-vous, reprit-elle, que ma pauvre Marguerite me fait pitié. Je n'avais plus qu'elle, et voilà que Dieu me la prend.

— Elle est malade ? demanda le commandant avec une douloureuse surprise.

— Non ; mais vous la connaissez de longue date, elle a toujours dit qu'elle ne serait qu'à vous ou à Dieu. J'ai bien peur que vous n'arriviez trop tard.

Marguerite survint ; le commandant marcha à sa rencontre avec un battement de cœur.

— Est-il possible qu'elle soit si changée ! pensa-t-il, en lui serrant la main.

Elle pâlit et rougit.

— Mon ami, dit-elle à son fiancé, je suis contente de vous voir parce que je voulais vous dire adieu.

Eugène Henryet se récria.

— Adieu. Je ne veux pas que vous prononciez ce mot-là pour moi. Vous ne me ferez pas croire que vous allez couper cette belle chevelure et vous coucher toute vivante dans le linceul. Je reviens à vous, je suis nommé commandant, je vous apporte mon titre en dot avec une rosette d'officier pour mettre dans la corbeille.

Marguerite sourit tristement.

— La corbeille ! Écoutez, mon ami, mettez dans la corbeille un voile de mariée ; mais ce voile je l'emporterai aux Carmélites, pour mon mariage avec Notre-Seigneur.

— Voyons, vous êtes folle, Marguerite ! vous imaginez-vous que les crimes de votre frère...

— Les crimes de mon frère ! Oh ! mon ami, pourquoi me dire un tel mot ? Vous savez fort bien que mon frère n'était ni dans les incendies, ni dans les assassinats.

— En politique, il n'y a pas de crime ! dit sévèrement Mme Ducharme. N'est-ce pas au nom de l'humanité que tout le monde a combattu ?

Vainement Eugène Henryet voulut effacer ce mot, qu'il avait dit un peu au hasard ; vainement il voulut ramener Marguerite à l'amour passé :

en faisant un pas de plus vers Dieu, elle s'était éloignée de deux pas de son fiancé.

Le charme était rompu, elle sentait qu'elle l'aimait toujours, mais déjà Dieu la consolait de le perdre.

Maintenant qu'il l'avait blessée dans sa tendresse pour son frère, elle se sentait plus forte contre lui. Elle lui répéta à diverses reprises que c'en était fait, que sa résolution était sérieuse et qu'elle lui rendait sa parole.

Elle sentait d'ailleurs que c'était le devoir plutôt que l'amour qui le ramenait à elle. Eugène Henryet était un cœur loyal, indigne de trahison; il avait promis à Marguerite de l'épouser : il venait à elle tout enchaîné par sa promesse comme si Dieu eût passé par là.

Mais ce n'était pas la passion qui le ramenait à Marguerite. Les grands événements qu'il avait traversés depuis un an avaient trop ému son esprit pour ne pas apaiser son cœur. En un mot, c'était plutôt un galant homme qu'un amoureux passionné qui disait : Me voilà !

Marguerite le comprit ; l'amour l'eût vaincue, mais, en voyant que cet amour ressemblait beaucoup à l'amitié, elle se rejeta vers Dieu.

Eugène Henryet s'en alla, en disant qu'il reviendrait pour la retrouver un peu moins détachée des choses de ce monde; mais il comprit lui-même qu'on ne renoue pas dans le cœur ce qui est rompu.

Quand il fut parti, Marguerite, qui avait contenu son cœur, se jeta en pleurant dans les bras de sa mère.

— Ah! maman! maman! pourquoi m'as-tu mise au monde?

— Ma pauvre Marguerite, me crois-tu moins malheureuse que toi? Et pourtant j'ai le courage de vivre, parce que je crois en Dieu.

— Tu crois en Dieu et moi j'aime Dieu! Pardonne-moi ces mouvements de lâcheté. Que veux-tu? il me semble aujourd'hui que je pleure un mort dans mon cœur.

Mme Ducharme essaya de ramener Marguerite à son amour.

— Ne te désole pas encore : Eugène Henryet reviendra.

— Non, je sens bien qu'il ne reviendra pas!

Eugène Henryet ne revint pas.

XII.

LA PRISE DE VOILE.

> Dieu reste à ceux qui n'ont plus rien.
> Dieu console ceux qui ont tout.
> LAMENNAIS.

A l'hôtel de la Chasse, à Versailles, Angéline Duportail, dînant un jour à table d'hôte, fit la connaissance d'une famille anglaise qui était venue de Londres en toute vitesse pour voir la représentation extraordinaire de Paris brûlé.

Il y avait un père et deux filles. Les blanches demoiselles, qui n'avaient jamais vu Paris non brûlé, et qui s'attendaient à traverser des monceaux de ruines, paraissaient inquiètes de n'avoir pas rencontré à Versailles un ami qui les y avait attendues pour les piloter dans la capitale universelle.

Angéline Duportail leur offrit de leur consacrer un jour de son temps.

Elle fut prise au mot. On paraissait enchanté de

la connaître, on se fit une vraie fête d'aller à cette partie de plaisir en si charmante compagnie.

Naturellement, Diane Ducharme fut du voyage. Angéline Duportail n'avait pas cessé de jouer son rôle de jeune lady avec une dignité d'emprunt tout à fait comique pour Diane Ducharme et pour elle-même.

Le surlendemain, les quatre dames remorquées par l'Anglais prirent le chemin de fer, vinrent à Paris, louèrent une grande calèche chez Brion, et se firent conduire partout. Les deux jeunes Anglaises étaient fort désappointées de voir que Paris n'était pas si brûlé que cela : elles regrettaient presque d'avoir fait le voyage « pour quelques pans de murs renversés; » mais comme Paris amuse toujours les femmes, elles prirent bientôt leur parti de ne pas être tout à fait à Pompéia.

Comme elles montaient au parc Monceaux par la rue de Messine, elles virent beaucoup de monde devant la petite église des Carmélites.

Quand les carmélites vinrent en France, elles n'espéraient pas faire de sérieuses prosélytes dans les régions de l'aristocratie et de l'intelligence. Leur entrée ne fut rien moins qu'austère. Lisez plutôt l'Estoile :

« Le mercredi 24 août 1605, jour de la Saint-Barthélemy, fut faite à Paris une solennelle procession des sœurs carmélites, qui ce jour-là prenaient possession de leur maison. Le peuple y accourut à grande foule comme pour gagner les pardons. Elles marchaient en moult bel et bon ordre, étant conduites par le docteur Duval, qui leur servait de bedeau, ayant le bâton à la main, et qui avait du tout la ressemblance d'un loup-garou. Mais comme le malheur voulut, ce beau et saint mystère fut troublé et interrompu par deux violons qui commencèrent à jouer Bergamasque : ce qui écarta ces pauvres oyes et les fit se retirer à grands pas, tout effarouchées, avec le loup-garou leur conducteur, dans leur église, où, étant parvenues comme en un lieu de franchise et de sûreté, commencèrent à chanter le *Te Deum laudamus.* »

Angéline Duportail demanda pourquoi tant de curieux à la porte du couvent. On lui répondit que c'était parce qu'une jeune religieuse prenait le voile des épouses du Seigneur.

— Est-ce qu'on peut entrer? demanda Diane, tout émue en songeant à sa sœur.

— Oui, lui répondit-on; dans quelques minutes la cérémonie commencera.

Les quatre femmes descendirent.

La messe était commencée; il y avait fort peu de monde dans la nef, à peine quelques religieuses des couvents voisins et quelques dévotes du quartier.

Pas un seul homme, sinon les prêtres à l'autel; ce que voyant, l'Anglais rebroussa chemin, comme s'il n'eût pas le droit d'assister à ce pieux spectacle.

— Si c'était ma sœur? dit Diane à Angéline Duportail.

— Non, dit la ci-devant baronne; vous savez bien qu'il y a longtemps que Marguerite veut se donner à Dieu, mais elle finira par se donner au capitaine Henryet.

A ce moment, on vit apparaître une jeune fille, masquée sous ses cheveux noirs qui venaient d'être dénoués : on eût dit un flot d'ébène.

C'était l'heure du sacrifice.

Elle s'agenouilla devant le prêtre qui s'était approché d'elle, portant un voile.

Deux religieuses se penchèrent sur la jeune fille; l'une lui souleva les cheveux et l'autre fit crier les ciseaux. Silence terrible dans la chapelle, mais le chant des psaumes retentit.

C'était comme le *De profundis* ou comme le *Miserere* de cette jeunesse et de cette beauté qui allaient se glacer sur le marbre de l'autel.

Diane Ducharme était glacée elle-même; elle ne trouvait plus sa voix : ce fut à peine si elle put murmurer à Angéline Duportail :

— Quand je vous disais que c'était Marguerite !

La jeune sacrifiée se coucha comme une morte sur les dalles quand ses cheveux furent tombés; le prêtre qui officiait répandit sur elle le voile éternel.

C'était la robe de mariée de celle qui s'arrachait au monde pour se donner au Seigneur.

Le prêtre jeta de l'eau bénite sur elle et monta en chaire, pendant que les religieuses la relevaient.

Le prêtre paraphrasa les paroles de Bossuet à la prise de voile de Mlle de La Vallière :

« Et maintenant que celle que le Seigneur a
« touchée par sa grâce est morte au monde, elle
« commence sa vie éternelle dans le ciel. Vaine-
« ment elle sentira encore la terre de ses pieds
« fragiles; mais son âme s'enivre déjà de l'amour
« de Dieu. Faut-il admirer son sacrifice ?

« Non. Qu'a-t-elle perdu ?

« La fièvre des vanités, la chimère des plaisirs.

« Qu'a-t-elle trouvé ?

« Les joies du paradis. Il ne faut pas la plaindre, « il faut l'envier. »

Ce beau discours dura toute une heure ; beaucoup de larmes furent répandues dans la chapelle.

Il n'y avait que celle qui prenait le voile qui ne pleurât pas.

— C'est étrange, dit Diane Ducharme qui avait mouillé son mouchoir, je ne vois pas ma mère !

— Mais êtes-vous bien sûre que ce soit Marguerite ? moi, je ne la reconnais pas, dit Angéline Duportail.

A ce moment, une religieuse s'approcha de Diane Ducharme.

— Marguerite ! s'écria la jeune fille.

En effet, cette fois, c'était bien Marguerite.

— Ma chère sœur, lui dit Diane, vois comme je pleure. Je croyais que c'était toi qui prenais le voile aujourd'hui ; c'était comme une vision.

— Oui, dit Angéline Duportail, on voit par les yeux de l'âme ; il en est de même quand on va rencontrer une figure aimée : l'image vous apparaît d'abord sur une figure étrangère. Ce sont les mirages du cœur.

— Ah! répondit Marguerite, Dieu ne se donne pas si vite : il faut un an et un jour de prières et d'adorations pour arriver à cette heure suprême ; mais je n'en suis pas moins morte pour le monde depuis que j'ai franchi le seuil de cette maison.

— Et tu ne regrettes rien de ce monde?

— Rien! si ce n'est d'avoir fait pleurer maman.

Et Marguerite, après un silence, poursuivit :

— Mais tu la consoleras un jour, quand Dieu t'aura touchée toi-même.

— Tu parles comme Mlle de La Vallière.

— C'était aussi ma sœur, celle-là.

Marguerite avait toujours eu une vive sympathie pour Mlle de La Vallière.

A deux siècles de distance, c'était une âme sœur de la sienne, une âme enthousiaste devant échouer au rivage du ciel.

Comme Mlle de La Vallière, elle avait inscrit dans son cœur ces paroles de Jésus-Christ : « Si quelqu'un veut venir après moi, qu'il prenne sa croix et qu'il me suive. »

Elle avait dit, elle aussi :

« Je supplie le Seigneur d'achever son œuvre de

miséricorde. Que sa volonté détruise si bien la mienne en tout, que ce ne soit plus moi qui vive, mais lui qui vive en moi. »

Elle lisait avec une vraie volupté cette magnifique oraison funèbre que Bossuet avait prononcée sur Mlle de La Vallière, encore vivante, mais sur le point de mourir au monde :

« Et vous, ma sœur, qui avez commencé à goû-
« ter ces chastes délices, descendez, allez à l'au-
« tel; victime de la pénitence, allez achever votre
« sacrifice : le feu est allumé, l'encens est prêt, le
« glaive est tiré : le glaive, c'est la parole qui sé-
« pare l'âme d'avec elle-même, pour l'attacher uni-
« quement à son Dieu. Le sacré pontife vous attend
« avec ce voile mystérieux que vous demandez.

« Enveloppez-vous dans ce voile; vivez cachée
« à vous-même aussi bien qu'à tout le monde;
« sortez de vous-même, et prenez un si noble
« essor, que vous ne trouviez de repos que dans
« l'essence du Père, du Fils et du Saint-Esprit. »

Marguerite et Diane causèrent un quart d'heure avec l'émotion de deux cœurs qui seront séparés par un abîme.

— Adieu! dit Marguerite, qui déjà s'était trop attardée à ces attaches du passé.

— Adieu, ma chère Marguerite, dit Diane en embrassant sa sœur.

La religieuse s'éloigna lentement.

— Si je m'écoutais, reprit Diane, je resterais avec toi. Mais je me connais trop pour avoir confiance en moi. Pour se donner à Dieu, il faut ne pas le tromper.

Heureusement pour Marguerite, elle s'était déjà éloignée et elle n'entendit pas ces paroles toutes profanes.

— Qui donc aimez-vous mieux que Dieu ? demanda Angéline Duportail à la sœur de Marguerite.

— Georges Henryet! répondit Diane.

— Pourquoi?

— Parce que je ne sais pas.

XIII.

COMMENT DIANE DUCHARME PLEURA UN LIEUTENANT.

> L'homme propose, la femme dispose. Les quiproquos ont fait plus de mariages que les passions.
>
> M. DE FOY.

On se souvient peut-être que Diane Ducharme avait senti germer en son cœur les premières fleurs du sentiment à sa rencontre avec le lieutenant Henryet, cousin du capitaine Henryet, le fiancé de sa sœur. Était-ce parce qu'il s'appelait Henryet? Je crois bien plutôt que c'était parce qu'elle le trouva beau. Nul ne portait plus fièrement que lui le képi et l'épée.

Diane n'avait pas aimé le comte de Volnay. Elle s'était laissé prendre à la curiosité, mais elle se fût laissé prendre par l'amour si le comte de Volnay lui était apparu avec la figure du lieutenant Henryet.

Un soir, c'était quelques jours après la prise de

voile, on soupait chez Blanche d'Antigny, à moins que ce ne soit chez Cora Pearl.

Diane était venue de Versailles pour cette petite fête.

On se croyait déjà à cent mille lieues de la Commune. Ce n'est pas la Seine qui passe dans Paris, c'est le Léthé.

Quelle ne fut pas la joie de Diane Ducharme en reconnaissant vis-à-vis d'elle le lieutenant Henryet?

Il se fit une révolution dans son cœur et dans son esprit. Elle qui avait jeté si gaillardement le masque, elle se retrouva timide, émue, rougissante comme elle était avant le péché.

Ce fut tout au plus si elle retrouva sa voix pour demander à son voisin d'en face des nouvelles de son cousin le capitaine.

Elle semblait aussi ne s'occuper que de sa sœur; mais pourtant c'était bien elle qui était en scène.

Le lieutenant commença, avant de répondre, par lever sa coupe, comme s'il remerciait les dieux de la bonne rencontre.

— Si vous saviez, dit-il tout haut, comme je vous ai adorée en parlant de vous à tous les échos d'alentour. Mais aucune de ces dames ne m'a répondu. Celle que vous voyez là-bas m'a dit en riant : « Vous êtes amoureux de cette demoiselle, je suis amoureuse de vous; c'est absolument la même chose. »

— Eh bien! dit Diane, j'irai tout à l'heure remercier cette dame. Il paraît que c'est comme à la guerre, on prend des remplaçants.

La conversation fut des plus vives et des plus tendres, par-dessus la nappe et par-dessous la table. Jamais les pieds ne s'étaient dit des choses plus éloquentes, jamais les yeux n'avaient parlé avec autant d'expression.

Certes, les voisins s'imaginèrent que c'était la préface d'un mariage à toute vapeur.

Il n'en fut pourtant rien : Diane était ce soir-là en puissance d'amant. Elle eut beau faire pour échapper à celui qui payait l'avoine de ses chevaux : c'était un homme résolu, décidé à tout plutôt qu'à se laisser moquer de lui.

On se promit du moins de se voir le lendemain, de se voir le surlendemain, de se voir toujours.

Je vais raconter pourquoi les volontés du cœur tombent comme des chimères devant la fatalité.

Le lieutenant Georges Henryet habitait depuis quelques jours un hôtel du boulevard des Capucines.

Je ne veux pas dire le nom de l'hôtel pour ne pas mettre les points sur les *i*.

Cet hôtel n'est pas précisément habité par des officiers ; mais les Anglais, les Américains et les Hollandais y ont surtout droit de cité.

Je ne sais pas si Georges Henryet, quand il rentra ce soir-là, était encore ivre d'amour ou de vin de Champagne ; ce qui est certain, c'est qu'il se trompa de numéro.

Sa chambre portait le n° 9 ; la clef du n° 7 était sur la porte. Il entra sans s'apercevoir qu'il n'entrait pas chez lui.

C'était d'ailleurs le même décor et le même lit. Seulement, comme cette chambre était habitée par deux femmes, une jeune veuve étrangère et sa sœur, il y avait des vêtements de femme jetés çà et là.

— C'est étonnant, dit Georges Henryet en trébuchant quelque peu, Sarah a laissé ici la moitié de ses fanfreluches !

Mlle Sarah était une maîtresse d'occasion qui était venue prendre une leçon d'armes chez le jeune officier.

Naturellement, ces fanfreluches n'étaient pas celles de cette demoiselle, c'étaient celles de ses deux voisines.

La jeune veuve était venue à Paris pour un procès considérable.

Elle avait pris un mauvais médecin pour sauver son mari, elle voulait prendre un bon avocat pour sauver sa fortune.

Un humouriste a écrit un petit livre sur la malice des choses. Il semble en effet qu'un démon familier s'amuse toujours à brouiller les cartes de la vie. C'est ce qui produit les quiproquos impossibles.

La malice des choses amena cette nuit-là une aventure extraordinaire, qu'un romancier n'oserait pas inventer, parce que l'art du romancier est d'être vraisemblable.

Georges Henryet se coucha sans s'arrêter plus longtemps aux fanfreluches de la chambre à coucher. Il avait le vin gai, il chantait des airs d'Offenbach.

Tout gris qu'il fût, il se trouvait un sage d'être rentré chez lui, car sa voisine du souper lui avait offert une hospitalité tout écossaise.

Une fois couché il éteignit sa bougie et se jeta

dans l'abîme nocturne ; cinq minutes après il dormait comme un enfant.

Cependant la jeune veuve, qui était allée ce soir-là voir la *Visite de noces*, et qui, au sortir du spectacle, s'était attardée chez une de ses amies qui donne le thé une fois par semaine, rentra à l'hôtel un quart d'heure après celui qui s'était couché dans son lit.

Les gens de l'hôtel eux-mêmes venaient de se coucher.

On lui ouvrit la porte cochère ; mais ne croyant pas que ce fût quelqu'un de sérieux, on ne vint pas à sa rencontre comme d'habitude pour la conduire à sa chambre.

Elle s'imagina que sa femme de chambre l'attendait, mais la femme de chambre dormait comme tout le monde.

La dame monta l'escalier et marcha résolûment avec les yeux de la main vers le n° 7.

La clef est sur la porte : elle tourne la clef, elle entre, elle cherche les allumettes ; mais elle s'aperçoit qu'il lui faudra se coucher à la lumière de la lune et des étoiles.

— Ma sœur est couchée, dit-elle. Oh ! la belle paresseuse ! elle ne m'attend jamais.

Elle n'était pas grise comme le lieutenant, mais elle était fort animée :

1° Parce qu'elle avait vu la *Visite de noces.*

2° Parce qu'un ami de son amie lui avait versé du thé fort excitant.

Elle voulait chanter un peu.

— Non, dit-elle ; il ne faut pas que je réveille ma sœur.

Elle se déshabille, se promettant bien de mettre sa femme de chambre à la porte et de ne pas rester dans un hôtel si mal tenu.

Le chapeau tombe. — La pelisse à fourrure tombe. — La robe tombe. — Le chignon tombe. — Le corsage tombe. — Le corset tombe. — Tout tombe.

La dame était fort jolie ; mais la lune était fort discrète dans son masque de brouillard.

Vrai désespoir de la dame, qui avait pris l'habitude de se regarder le soir devant sa psyché, pour se convaincre qu'elle était toujours belle.

Ce qu'elle avait le plus aimé dans son mari, c'était elle-même.

Ce qu'elle avait le plus aimé dans le mariage, c'était la mariée.

Enfin, la voilà toute nue; non pas nue comme

une statue, mais nue comme une femme couverte d'une chemise transparente : nudité bien plus visible que celle de la Vérité, puisque la Vérité est une statue de marbre, et que le marbre a sa pudeur.

Elle s'approche du lit, elle s'agenouille pieusement, elle donne son âme à Dieu. Son ange gardien descend du haut des cieux pour la protéger.

C'était l'heure et le moment.

Le jeune lieutenant s'était roulé au fond du lit, un large lit qui aurait pu servir à des époux — séparés de corps.

— Oh ! comme j'ai froid ! dit-elle ; heureusement ma sœur s'est couchée avant moi.

Or, la sœur était partie pour Saint-Germain en laissant un mot au concierge de l'hôtel, qui naturellement ne l'avait pas remis à la dame.

La belle veuve se jeta résolûment dans les draps, comme on se jette à l'eau quand on est à Biarritz ou à Trouville.

Qu'arriva-t-il dans cette seconde phase de l'histoire ?

— Oh ! mon Dieu ! ce n'est pas ma sœur ! s'écrie la dame tout à coup.

Et elle se précipite hors du lit. Elle veut appeler, elle ne trouve plus sa voix.

Elle avait donné un coup de son pied léger dans le genoux de l'officier.

Ce n'était pas sa sœur. Qui était-ce donc?

Ce qu'il y a de plaisant en cette histoire, c'est que Georges Henryet cria au voleur.

Il avait gagné au jeu. Il s'imaginait qu'un pickpoket le dévalisait.

Aussi lui-même se précipita-t-il hors du lit pour saisir le voleur et reprendre son argent.

La dame, morte de frayeur, se suspendait à la sonnette.

Il courut à elle et la prit dans ses bras.

— Une femme ! murmura-t-il.

Il s'imagina que c'était Sarah.

— Pourquoi t'en vas-tu? lui dit-il en voulant l'entraîner.

Cependant tout l'hôtel était en révolution.

La femme de chambre entra avec un bougeoir ; elle poussa un cri, tout l'hôtel fut réveillé, on accourut. Jamais un pareil scandale n'était entré au n° 7, ni même aux autres numéros de l'hôtel.

La dame ne trouva rien de mieux que d'aller se recoucher.

L'officier aurait bien voulu en faire autant ; mais il lui fallut retourner chez lui en vrai sans-culotte.

Quelle pouvait être l'issue d'une pareille aventure ?

Un mariage forcé.

Car, enfin, ce lit du numéro 7 avait presque été le lit nuptial.

Dernière nouvelle :

Le lieutenant fait une cour assidue à la jeune veuve ; mais, cette fois, il est habillé des pieds à la tête.

S'il est agréé, je vous enverrai une lettre de faire part.

C'est Diane Ducharme qui ne sera pas contente quand elle verra cette lettre de faire part, ou quand elle lira dans les journaux :

Mariages du high-life :

Un de ces jours, à la Trinité, M. Georges Henryet de Monthenault épousera Mme Adèle Van Habeck, veuve de M. Carl Ruys.

Et voilà comment Diane Ducharme passa à côté du véritable amour !

Elle en pleura.

— Console-toi ! lui dit son amie la comédienne : un de perdu, deux de retrouvés.

— Ah ! oui, dit tristement Diane Ducharme ; mais les deux qu'on retrouve ne valent jamais celui qu'on perd.

Du reste, elle n'était pas fille à faire du sentiment à perte de vue. C'est elle qui a dit ce beau mot, déjà connu de tout Paris :

— Cela m'amuse de pleurer : je vois tomber des perles.

XIV.

LE LENDEMAIN DE L'AMOUR.

> Dieu m'a cruellement punie. Je ne savais pas que j'étais heureuse quand l'amour était avec moi; maintenant que l'amour est parti, je sais que je suis bien malheureuse.
> Avec l'amour, rien c'était tout; sans l'amour, tout ce n'est rien.
> VIOLETTE DE PARISIS.

Adolphe Ducharme avait passé la nuit dans la funèbre maison de la rue des Rosiers sans être le moins du monde inquiété, non plus que son fidèle Carnaval et son non moins fidèle Thermidor.

Thermidor et Carnaval avaient veillé, Adolphe Ducharme avait dormi, — non pas précisément sur un lit de plumes. Mais la nuit, tous les lits sont bons pour un homme qui a traversé les aventures de la Commune.

Vers six heures du matin, il monta dans une voiture qu'il paya bien, pour qu'elle ne le laissât pas en route.

Thermidor avait sauté sur la banquette à côté de lui.

Mais Carnaval avait dû prendre un autre chemin, n'étant pas attendu du même côté.

Quand Adolphe Ducharme arriva chez Monjoyeux, tout le monde dormait.

Ce ne fut qu'à l'heure du déjeuner qu'il vit son ami.

— Eh bien ! en vérité, lui dit Monjoyeux, je ne comptais pas sur vous pour déjeuner ; j'avais bien peur que vous ne fussiez pris.

— Eh bien ! je vous jure, répondit l'ex-colonel, que j'en ai assez de ce jeu de cache-cache. Pour un bon cigare, j'irais me constituer prisonnier coûte que coûte.

Monjoyeux lui donna un bon cigare et le détourna de cette belle action, lui représentant qu'il serait condamné à mort.

— Eh, mon Dieu, reprit Cœur-de-Lion, n'est-ce pas mourir tous les jours que de n'avoir pas le droit de vivre tout haut ?

La gaieté et le charme de Bérangère le ramenèrent un instant à des idées plus riantes, d'autant plus qu'il apprit par un journal du matin que son ami Cœur-de-Roi n'avait pas été tué sur une barricade : on l'avait vu à Genève avec Lefrançais.

Toutefois il redevint fort taciturne. Il s'éloigna même de la maison pour se plonger tout à son gré dans ses idées noires.

En plein après-midi, comme il rêvait en se promenant près des fortifications, il vit venir à lui Angéline Duportail, qui connaissait son refuge.

Ils se jetèrent dans les bras l'un de l'autre : la première émotion fut douce à leur cœur. Mais quand Adolphe Ducharme eut repris sa froide raison, il s'aperçut qu'Angéline Duportail n'était plus la femme qu'il avait tant aimée.

Pourquoi ce changement presque soudain dans son âme ?

C'est que l'image de Mlle de Volnay était venue entre elle lui.

C'est que son ancien amour s'était peu à peu effacé sous le prisme d'un autre idéal.

Certes il se sentait tendre encore pour cette créature qui l'avait tant de fois trahi, mais qui lui avait donné tant de preuves de vraie passion. Seulement les ardeurs de l'amour n'étaient plus que les pâles reflets de l'amitié.

Il lui sembla qu'Angéline Duportail était sa troisième sœur ; ce n'était plus sa maîtresse.

Ce devait être une des phases de sa punition : aimer une femme qu'il n'avait pas le droit d'aimer ! — ne plus pouvoir aimer une femme qu'il aurait toujours voulu pouvoir aimer !

Il y avait là le doigt de la fatalité.

On le comprend bien, leur causerie fut longue : on voulait tout se dire. On répandait la lumière sur les points obscurs.

On comptait tous les épisodes depuis la séparation.

Elle, comment elle avait été sauvée par la duchesse de Parisis ; lui, comment il avait trouvé des amis partout, quand il n'espérait plus trouver que la mort.

On convint que la société telle qu'elle est avait encore du bon. On regrettait bien un peu d'être mis au ban de cette société qu'on avait tant calomniée.

— Après tout, dit Angéline Duportail, il nous reste notre amour !

Mais regardant fixement Cœur-de-Lion, elle lui dit :

— Tu ne m'aimes plus !

Elle avait lu dans le cœur de son amant.

Il n'osa pas mentir tout à fait.

— Hélas ! lui dit-il, si j'aimais encore quelque chose, c'est toi que j'aimerais.

Deux larmes mouillèrent les yeux d'Angéline Duportail.

— Je te dis que tu ne m'aimes plus ! reprit-elle.

Il lui donna un froid baiser sur le front.

—Ce baiser me glace ! lui dit-elle. Je sens que c'en est fait de mon bonheur. Qu'ai-je donc fait à Dieu pour être punie si cruellement ?

— Et moi donc ? se dit à lui-même Adolphe Ducharme en pensant à Blanche de Volnay.

Adolphe Ducharme regardait sa maîtresse. Il vit une autre larme, qui s'arrêta au-dessus de la lèvre sur un petit grain de beauté qu'il appelait son grain de folie.

Ce grain de beauté lui rappela mille choses charmantes. Que de fois il l'avait embrassée sur ce grain de beauté ! Que de fois il l'avait raillée gentiment sur cette marque des prédestinées à l'amour.

Il se rapprocha d'elle, pour cueillir cette larme avec ses lèvres ; mais un bruit de pas l'arrêta dans cet entraînement. C'était un passant qui passa vite.

Après une station sur le grain de beauté, la

larme tomba sur le pied d'Angéline Duportail.

Naguère, dans le feu de sa passion, Cœur-de-Lion eût été capable de se jeter à terre pour baiser le pied de sa maîtresse ; mais c'en était fait de ces beaux enfantillages.

— Adieu ! lui dit-elle ; car je ne veux pas qu'on vous rencontre avec moi. Je vois bien que vous êtes revenu de toutes vos illusions ; le prisme est tombé de vos yeux : je ne suis plus qu'une courtisane. Vous vivez maintenant dans un monde qui ne pardonne pas aux femmes comme moi. Qui sait si vous me pardonnez vous-même de vous avoir aimé ?

— Angéline ! vous calomniez mon cœur.

L'Amazone se rapprocha de son amant et lui dit de sa voix la plus douce :

— Tu me pardonnes de t'avoir aimé ; mais tu ne te pardonnes pas de m'avoir aimée.

Angéline Duportail répétait sans cesse :

— Je m'en vais !

Et elle ne pouvait s'arracher au douloureux plaisir d'être près de Cœur-de-Lion.

Il voulut la consoler un peu. Il lui dit qu'elle était folle dans son chagrin. Il lui proposa de l'emmener dîner dans un cabinet au Petit-Moulin-

Rouge, pour retrouver une heure de leur belle vie passée.

— Non, lui dit-elle; ces heures-là ne se retrouveront plus. Je suis prise, malgré moi, d'une vraie tristesse. Je te laisse à tes amis; je retourne à Versailles où on m'attend.

Angéline Duportail n'osa pas dire à Cœur-de-Lion qu'elle vivait à Versailles avec Diane Ducharme.

Il ne la laissa partir qu'en lui faisant promettre qu'elle reviendrait le lendemain ou le surlendemain.

Quand elle fut de retour à Versailles elle se jeta dans les bras de Diane.

— Ah! ma chère petite, comme je suis malheureuse! lui dit-elle en éclatant : votre frère ne m'aime plus! Moi qui me faisais une fête d'aller le surprendre, il me semble que je reviens d'un enterrement.

— Je ne suis pas plus gaie que vous, dit Diane. Plus je vais et plus je sens que j'aime Georges Henryet.

— Il faut l'empêcher de se marier.

— Le mariage est décidé.

— Eh bien, quand il sera marié, il deviendra ton amant. Il ne doit pas aimer cette Hollandaise.

— Mais si ! Et c'est là mon chagrin.

Le lendemain, Angéline Duportail ne revint pas à Paris pour revoir son amant.

— Il m'attend si peu ! disait-elle.

Le surlendemain elle revint malgré elle, poussée par l'aiguillon de son amour, après avoir dit mille fois :

— Je n'irai pas !

Quand elle demanda Adolphe Ducharme à la porte de Monjoyeux, on lui répondit qu'il avait été arrêté le matin, sur la dénonciation d'un voisin qui l'avait reconnu.

Vainement Monjoyeux avait fait tout au monde pour le sauver, il avait fallu se soumettre à la loi.

Adolphe Ducharme aurait pu peut-être échapper encore, car il fut averti à temps, mais il ne le voulut pas ; il se sentait si malheureux qu'il était prêt à tout, même à mourir.

Il avait appris comment sa pauvre Marguerite, sa sœur la plus aimée, s'était réfugiée au couvent. Il savait toutes les folies de Diane. Il avait mangé, pendant la Commune, le peu d'argent gagné à la Bourse l'année d'auparavant.

Que lui restait-il? Sa mère. Mais n'était-ce pas un reproche de tous les jours? Et, d'ailleurs, il lui fallait s'exiler : pouvait-il entraîner sa mère dans son exil? Que ferait-il hors de France? Il n'avait plus assez de foi dans l'humanité pour mener allègrement la vie de proscription.

Autant valait en finir tout de suite.

Quand on joue au jeu des révolutions et qu'on est vaincu, il faut donner sa vie pour l'enjeu.

Il s'était donc livré sans rébellion.

Il avait embrassé Monjoyeux; il avait baisé la main de Bérangère en lui disant tout bas :

— Quand vous verrez Mlle Blanche de Volnay, demandez-lui une prière pour moi.

Ce jour-là Bérangère ne manqua pas d'aller chez Symiane pour dire à Blanche que Cœur-de-Lion était arrêté.

Blanche pâlit et masqua son émotion en disant :

— Quel malheur! on va parler de moi au tribunal.

— Pourquoi? dit Bérangère, curieuse d'étudier ce jeune cœur.

— Parce qu'on racontera le souper de l'Élysée, mais que m'importe? mon opinion publique, c'est moi-même.

Mlle de Volnay releva la tête avec sa fierté si noble et si digne.

— J'irai le voir juger! dit Bérangère.

— Et moi aussi! dit Symiane. Nous verrons un peu si, comme tous les autres, il renie lâchement ses actions.

— Oh! non! murmura Blanche involontairement.

Il semblait que Symiane l'eût blessée en doutant du caractère d'Adolphe Ducharme. Aussi Bérangère, qui avait bien étudié la jeune fille, dit en rentrant à Monjoyeux :

— Symiane avait raison, il y a un abîme de Blanche de Volnay à Adolphe Ducharme, mais il ne faudrait pas la défier de franchir cet abîme.

XV.

ADOLPHE DUCHARME DEVANT LE CONSEIL DE GUERRE.

> Vous avez beau m'accuser et me défendre, c'est la vérité qui a la parole, c'est elle qui accuse et qui plaide.
> BARBÈS.
>
> Cour souveraine entre toutes que la justice militaire.
> ALFRED DE VIGNY.

On n'a pas oublié que le colonel Ducharme fit du bruit au conseil de guerre. Il fut fier et digne. Il eut une vraie tenue de soldat.

Le conseil entre en séance à onze heures. Le colonel Danjou présidait. Le commandant Humann occupait le siége de l'accusation.

Quoique ce fût la centième représentation de cette tragi-comédie, où l'on voyait en scène les chefs et les comparses de la Commune, plus préoccupés de sauver leur vie que d'accentuer leur caractère, il y avait encore beaucoup de monde dans la salle : des journalistes, des avocats, des femmes du monde, des gens du peuple.

Le bruit s'était répandu qu'on jugerait ce jour-là un des hommes les plus décidés et les plus intelligents de la Commune, un ancien officier de l'armée du Mexique, un aventurier qui n'avait écouté que ses mauvaises passions, sans souci de sa famille.

En un mot, Adolphe Ducharme.

On se racontait comment il avait longtemps échappé aux recherches de la justice, protégé par des sympathies aveugles, comme celles de Monjoyeux, de la duchesse de Parisis, de Bérengère, ce qui dorait un peu sa physionomie. On ne fut pas trop désappointé quand il s'avança sur le banc des accusés.

Il avait fort bon air, on remarqua sa belle taille sous son habit de colonel de fédéré, car il n'avait pas voulu se dérober à son rôle : il avait revêtu sa capote au cinq galons. Mais quoiqu'il eût la médaille militaire et la médaille du Mexique, il les avait détachées de sa poitrine.

Il salua vaguement l'assemblée, comme un homme qui arrive devant ses juges, sans haine contre la justice.

Le président lui fit signe de se lever.

— Accusé, comment vous nommez-vous?

— Adolphe Ducharme.

— Quel âge avez-vous?

— Trente et un ans.

— Où êtes-vous né?

— A Orléans.

— Vous êtes de l'École de Saint-Cyr?

— Oui.

— Vous êtes allé au Mexique?

— J'ai fait presque toute la campagne. Une aventure a brisé ma carrière. Mais je n'ai pas à rougir de cette aventure.

— Nous savons cela. Il n'y a point non plus de quoi vous enorgueillir. Mais passons. Vous n'avez repris les armes qu'au moment de la guerre?

— Oui, j'étais capitaine d'une compagnie de francs-tireurs, qui a fait beaucoup de mal aux Prussiens.

— Oui, jusque-là, nous n'aurions que des éloges à vous faire. Au commencement du siège vous vous êtes aussi conduit en soldat; mais bientôt, comme votre ami Flourens, vous avez tout sacrifié à la révolution : le 31 octobre, vous étiez à l'Hôtel-de-Ville.

— Plût à Dieu que nous y fussions restés. Je crois que nous aurions institué le vrai gouvernement de la défense nationale. Dieu m'est témoin que nous n'avions qu'une ambition, celle de chasser les Prussiens, c'est pourquoi nous avons fait la révolution du 18 mars.

— Vous avez fait la révolution pour la révolution comme tous les révolutionnaires.

Le président fait signe au greffier de lire l'acte d'accusation.

Adolphe Ducharme écouta avec la curiosité d'un homme intelligent qui veut savoir comment on juge son caractère dans ses actions.

Cet acte d'accusation était un travail très-étudié, qui semblait l'œuvre d'un véritable procureur de la République. On en donnera ici le commencement et la fin.

« Messieurs, l'accusé n'est pas le premier venu. Il est d'autant plus coupable qu'il a été élevé dans une famille pieuse et loyale où le devoir était un culte.

« Son père est mort jeune. Il aurait dû ne vouloir vivre que pour sa mère, mais il n'a vécu que pour son orgueil.

« A Saint-Cyr, ce n'était pas un des meilleurs

élèves, il n'en sortit officier que parce qu'on lui fut indulgent. Au Mexique, il brava toute discipline, beaucoup plus préoccupé de bonnes fortunes que de sa dignité militaire : il fut rayé des cadres. Je ne veux pas dire pourquoi, sans pourtant l'accuser d'avoir forfait à l'honneur : ce fut une question de femme et non une question d'argent. Revenu à Paris, au lieu de vouloir effacer ses torts par une vie de travail, il vécut de hasard et d'occasion, dans les petits journaux, à la Bourse, dans les maisons de jeu. Ce fut alors qu'il connut tous les coryphées de la révolution future. Il se fit républicain parce qu'il ne pouvait rien attendre de l'Empire.

« Quand la République fut proclamée, au lieu de la servir avec ferveur, il se jeta comme un furieux dans l'insurrection du 31 octobre. »

L'acte d'accusation ne passait rien, il suivait tous les méandres de cette existence tourmentée, il peignait Adolphe Ducharme, chaque jour de la Commune, dans la fièvre maudite qui avait entraîné tant d'esprits coupables à cette guerre fratricide. Il terminait ainsi :

« Celui que nous livrons aujourd'hui à votre justice a été un des plus criminels, parce qu'il a été un des plus intelligents. Celui-là ne se réfugiera pas comme tant d'autres sous l'abrutissement de l'ivresse. Il n'osera pas dire qu'il subissait l'influence des chefs.

« Il avait toute sa raison, et il n'obéissait qu'à lui-même.

« Il est donc accusé d'avoir condamné à mort des réfractaires, d'avoir défendu trois barricades à l'entrée des troupes de Versailles, enfin, d'avoir, par ses conseils à la Commune et partout, poussé les fédérés jusqu'à l'incendie, jusqu'à l'assassinat. »

Adolphe Ducharme ne paraissait pas s'émouvoir beaucoup à cette lecture. Il lui sembla qu'on parlait d'un autre. C'était déjà si loin de lui ! Tant de figures avaient traversé son cœur et son esprit !

Tout à coup, il découvrit dans la salle, presque au dernier banc des spectateurs, Carnaval et Fine-Champagne : cette fois il eut une émotion qu'on attribua aux paroles de l'acte d'accusation.

— Pauvre Carnaval ! pauvre Fine-Champagne ! murmura-t-il, c'est bien à eux d'être venus pour me voir encore une fois.

Il ne put s'empêcher de sourire en voyant la

dignité magistrale de Carnaval dans sa cravate blanche : il était admirable de tenue.

Fine-Champagne avait l'air d'une petite bourgeoise bien inoffensive : en la voyant si timide et si modeste, qui donc eût reconnu la gaillarde vivandière de la Commune ? Il n'y a qu'au théâtre où l'on sache jouer plusieurs rôles.

Mais Adolphe Ducharme eut une bien plus vive émotion quand il reconnut sur le même banc sa sœur, Diane Ducharme, en compagnie d'Angeline Duportail, sa maîtresse, dans toute la gravité d'une beauté britannique.

L'accusé s'imaginait rêver. Cependant on procédait à l'audition des témoins.

Quelques fédérés emprisonnés comme lui vinrent déposer sur les réfractaires fusillés dans le parc de Neuilly.

Les fédérés espéraient se sauver en accusant leur colonel.

— Précisez bien, dit le président à l'un d'eux. Vous dites donc que celui que vous appelez votre colonel donna l'ordre de fusiller ces deux pauvres enfants.

— C'est-à-dire, mon président, qu'il donna l'ordre sans donner l'ordre : quand il a vu que tout le monde voulait la mort des réfractaires, il a fait un demi-tour comme s'il s'en lavait les mains. Pas moins on n'aurait pas tiré dessus s'il leur avait fait grâce.

C'était la vérité qui parlait.

Le président s'adressa à l'accusé.

— Qu'avez-vous à dire ?

— Rien, sinon que je n'étais pas là.

Vint un autre témoin. Celui-là fut plus explicite. Il affirma que le colonel avait commandé le feu.

Un grand bruit se fit au fond de la salle.

C'était Carnaval qui venait de se lever et qui interpellait le témoin.

— Oh ! pour le coup, c'est un faux témoignage.

— Qu'y a-t-il là-bas ? demanda le président.

On lui rapporta qu'un spectateur s'indignait contre les paroles d'un témoin.

Le président, en vertu de son pouvoir discrétionnaire, donna l'ordre qu'on fit avancer cet homme à la barre.

— Que voulez-vous dire ? demanda le président à Carnaval.

— Mon président, c'est une infamie d'accuser le colonel. J'y étais. Je vais vous dire comment les choses se sont passées.

Et Carnaval, avec le feu de sa nature, conta la mort des réfractaires pour prouver à chaque mot que ni le colonel, ni lui, ni les bons diables de la bande n'avaient pu les délivrer.

Et dans la manière de Frédérick Lemaître il dit solennellement :

— C'est la fa-ta-li-té !

Le rapporteur annonça qu'il requérait l'arrestation de celui qui venait de parler, puisqu'il était de ce régiment d'assassins.

— Vous me faites beaucoup d'honneur, dit Carnaval, surtout si vous voulez me condamner à la même peine que mon colonel.

Il dit cela si simplement, que tout le monde fut ému, depuis l'accusé jusqu'au rapporteur lui-même.

Dès que le président eut donné l'ordre de maintenir Carnaval en état d'arrestation, Fine-Champagne, effrayée de se trouver seule, demanda à son voisin si Adolphe Ducharme serait condamné à mort.

— Oh ! non, lui dit son voisin, mais il sera déporté.

— Et le témoin qui vient d'être arrêté ?

— Oh ! ma foi, il pourrait bien être déporté aussi.

Fine-Champagne ne prit conseil que d'elle-même ; elle sortit de la séance et elle courut chez une blanchisseuse de ses amies en disant : — J'ai mon idée.

Elle revint une demi-heure après, habillée en homme.

Elle avait eu le temps de faire toute une métamorphose. Son amie lui avait coupé les cheveux et lui avait marqué le dessus des lèvres d'un peu de noir de fumée ; elle avait l'air d'un gamin de dix-huit ans très-insolent et très-décidé.

On sait que Fine-Champagne n'avait peur de rien, surtout depuis qu'elle avait bravé la mort face à face.

Cependant quand elle rentra dans la salle son cœur battait bien fort.

Le courage lui manquait un peu pour accomplir avec éclat l'action qu'elle méditait.

Elle s'efforça de marcher en avant. Les soldats de garde voulurent l'arrêter quand elle se présenta pour parler au président, mais elle passa outre en disant qu'elle voulait, elle aussi, parler comme témoin.

Elle fit le salut du soldat et demanda à être écoutée.

Mais quand on lui accorda la parole elle ne trouva plus rien à dire.

Enfin, après un silence qui la glaçait des pieds à la tête, elle murmura à mi-voix :

— Mon président, j'étais aussi du régiment du colonel Ducharme, s'il est coupable je suis coupable.

Après avoir murmuré ces paroles, Fine-Champagne reprit un peu d'aplomb.

Le président l'interrogea. Elle répondit à toutes les questions, cherchant à prouver qu'on devait la soumettre au sort de son colonel; car, selon elle, elle s'était aussi bien battue que lui.

— Connaissez-vous ce jeune homme? demanda le président à Adolphe Ducharme.

— Je ne me rappelle pas bien, répondit-il. J'ai commandé en chef trois régiments : j'ai oublié bien des figures.

Adolphe Ducharme avait reconnu Fine-Champagne. Il ne pouvait s'expliquer pourquoi elle se livrait ainsi, à moins que ce ne fût pour ne pas quitter Carnaval.

Carnaval aussi avait reconnu bien vite Fine-Champagne.

— On voit bien, se dit-il, qu'elle est de mon école. Elle ne joue pas trop mal la comédie.

Les débats durèrent deux jours, le président les dirigea avec une haute impartialité.

Le commandant Humann fut très-ardent contre les accusés, mais surtout contre Adolphe Ducharme.

Vainement l'avocat, c'était Mᵉ Lachaud, eut-il toute l'éloquence du sentiment, vainement rappela-t-il que celui qu'il défendait avait toujours été victime de la fatalité, ou plutôt toujours victime de ses amitiés pour les chefs de la Commune, vainement prouva-t-il que les hommes du 18 mars devaient être amnistiés, puisqu'on faisait grâce aux hommes du 4 septembre, le réquisitoire du commandant Humann rappela le conseil à la sévérité parce qu'il fallait que la société, toute chancelante, s'appuyât sur la justice.

Il ne demanda pourtant pas de condamnations à mort, mais il fit comprendre qu'il voulait que le colonel et ses soldats fussent à tout jamais séparés d'une patrie qu'ils avaient entre-déchirée.

Après une délibération de plus de deux heures, Adolphe Ducharme, ci-devant colonel et chef de légion, fut condamné à mort, mais le bruit se répandit que le président recommanderait le condamné à la commission des grâces.

Carnaval et Fine-Champagne furent condamnés à la déportation.

— Quel malheur, dit Fine-Champagne, quand on lui annonça une condamnation moins dure que celle du colonel.

— De quoi te plains-tu? lui dit Carnaval.

— Tu ne comprends donc pas, lui dit-elle, que je ne me suis fait prendre que pour ne pas te quitter, mais surtout pour ne pas quitter notre colonel?

— Si ce n'est que cela, dit Carnaval, en embrassant Fine-Champagne, console-toi, notre colonel ne sera pas fusillé. Il ira à Nouméa; nous trouverons bien moyen d'être de la même traversée. Tu sais bien que j'ai des amis partout.

En rentrant à la prison, on permit à Adolphe Ducharme de serrer la main de Carnaval et de Fine-Champagne.

— Vous avez compris, n'est-ce pas, mon colonel, lui dit la ci-devant cantinière, vous avez compris que j'ai pincé ma petite déportation pour faire le voyage avec vous.

— Voilà une belle action, mais c'est de la folie. D'ailleurs je serai fusillé avec Rossel.

— Non. Et puis si vous êtes fusillé je veux

mourir. Nous ferons ensemble le voyage de l'autre monde.

— Oui, dit Carnaval, il ne faut pas quitter ses amis dans la peine.

Adolphe Ducharme avait depuis deux jours le dégoût des hommes en voyant tant de fédérés renier leur part dans l'action avec toutes les lâchetés; mais devant ce beau dévouement de Carnaval et de Fine-Champagne, l'ex-colonel se dit qu'il ne fallait pas désespérer de l'humanité.

XVI.

LA VISION DU BONHEUR.

> J'ai vu quelquefois le bonheur, mais c'était le bonheur des autres. C'est déjà quelque chose.
> STERNE.

> Tu te plains de ne pas boire l'eau pure des fontaines. Pourquoi l'as-tu troublée ?
> VIOLETTE.

Diane Ducharme ne s'était pas arrêtée dans son effroyable course au clocher à travers les folies parisiennes.

Elle dépensait à deux mains le capital de sa jeunesse et de sa beauté.

Le hasard l'avait jetée parmi les filles galantes renommées dans le monde du sport, des clubs et des théâtres.

Il fallait être de bonne lignée ou avoir beaucoup d'argent pour oser se faire présenter à elle.

Ses caprices, ses dédains, ses airs fantasqués, lui donnaient plus de mordant encore ; c'était à qui la soumettrait dans ses rébellions. Mais elle ne se laissait prendre qu'à moitié ; elle gardait, même dans ses chutes, je ne sais quelle domination railleuse qui impatientait ses amoureux les plus accoutumés au triomphe ; on n'était jamais le maître avec elle.

Plus d'un qui voulait la soumettre, lui reprochait de n'avoir pas de cœur.

— C'est bien heureux pour vous ! disait-elle ; car si j'avais du cœur, je vous tuerais.

Elle cachait très-mystérieusement son amour pour Georges Henryet ; elle n'avait dit son secret à qui que ce fût, hormis à Angéline Duportail ; elle était trop fière pour avouer à ses autres amies qu'elle avait une fois trouvé son maître.

Marguerite avait espéré que cette égarée se rapprocherait de sa mère ; mais, naturellement, plus elle s'enfonçait dans les mauvaises passions, plus elle s'éloignait de Mme Ducharme.

Çà et là elle se promettait bien de s'habiller un jour simplement, tout en noir, et d'aller se jeter à genoux devant sa mère ; mais quand on est si pervertie, on remet toujours au lendemain les bonnes actions. Elle n'avait pas trop le temps, d'ailleurs, pour se consacrer à ses affaires.

Une femme de plaisir, quelque légère qu'elle soit, devient une femme d'affaires : à midi, quand elle se réveille, il faut qu'elle s'occupe de ses robes, de ses chapeaux, de ses bottines ; il y a l'heure du bain et l'heure du coiffeur ; il y a le coup de sonnette des créanciers ; il y a la visite des amoureux, j'ai failli dire des clients. Et le déjeuner, et le dîner, et le souper, et les promenades au bois, et les robes à essayer, et les parties de campagne, et le jeu de l'éventail dans les avant-scènes !

Je vous dis que la femme de plaisir est une femme d'affaires : la preuve, c'est que la plupart de ces dames prennent des teneurs de livres : l'ordre dans le désordre, ou plutôt le désordre dans le désordre.

Et je ne parle pas des jours de courses, des jours qu'on passe au bord de la mer, à Spa, à Bade, à Monaco.

Comment voulez-vous qu'on trouve une heure pour aller voir sa mère ?

Diane Ducharme était donc emportée par le tourbillon ; elle n'avait pas le temps de regarder en arrière et de regretter les jours d'innocence où l'on est si heureux de vivre sans mal faire.

Mais un jour pourtant elle comprit qu'elle était sortie du paradis et qu'elle n'y rentrerait plus.

Elle était en partie de plaisir dans la forêt de Fontainebleau.

Ces demoiselles jouaient à cache-cache comme de vraies pensionnaires; mais il y avait des hommes parmi elles.

Comme on avait poursuivi Diane plus loin que les autres, elle arriva près d'un rocher qui masquait à demi un jeune homme et une jeune femme.

Elle reconnut Georges Henryet; et comme il ne la voyait pas, elle s'arrêta en silence pour le regarder.

C'était bien le plus charmant tableau de l'amour. Il était couché aux pieds de sa femme, qui se penchait vers lui pour l'embrasser; mais dès qu'il ouvrait les lèvres, elle relevait mutinement sa figure. Puis elle recommençait le jeu. Mais tout à coup il la saisissait violemment et la faisait tomber dans ses bras.

— Comme il est heureux! pensa Diane.

Il y avait huit jours que Georges Henryet avait épousé la belle Hollandaise. Ils passaient leur lune de miel à Fontainebleau.

— Cette femme, pourquoi m'a-t-elle pris mon bonheur? reprit Diane.

Quand elle retourna au jeu de cache-cache elle ne joua plus.

Elle regarda jouer les autres, en se disant que tous ces fous et toutes ces folles avaient beau se monter la tête, ni eux ni elles ne ressentaient les divines émotions de l'amour : ils n'en connaissaient que l'ivresse grossière.

Le lendemain, Diane revit encore Georges Henryet et sa femme dans une loge de foyer, à l'Opéra.

Elle était dans une baignoire avec un amant qui se cachait.

— C'est celà, dit-elle tristement. Là-haut, ils ont le droit de montrer leur bonheur ; dans cette baignoire, je n'ose montrer ma figure, parce que je rougis d'être belle.

XVII.

D'UNE GALANTE RENCONTRE.

> Il l'aimait jusqu'à vouloir la tuer, tant son amour s'était allumé aux flammes de l'enfer.
>
> BYRON.

Le jour même où Diane Ducharme regardait dans une loge de théâtre le bonheur du seul homme qu'elle eût aimé, elle qui avait cherché l'amour sans le trouver avec tant d'amoureux déjà, elle coudoya, en descendant l'escalier, René de Volnay, le bras en écharpe, qui n'avait cessé de la lorgner pendant tout le spectacle.

Son nouvel amant, qui l'avait accompagnée au spectacle, était allé à la recherche de son groom.

Le comte de Volnay avait beau vouloir jouer le dédain devant Diane, il avait la fièvre dès qu'il la voyait.

Il lui semblait que c'était un bien perdu.

Comme le voyageur qui a découvert un beau pays et qui en est chassé à la première prise de possession, il ne pouvait se consoler d'avoir mis la main sur un trésor qu'il n'avait pu garder.

Jusque-là, quand il avait rencontré Diane de près ou de loin, il s'était retourné en jouant la dignité.

Mais Diane tenait tant de place dans son cœur, qu'il n'était pas maître de la supprimer de sa pensée. Plus il voulait l'oublier, plus il voyait son image.

Mlle de La Vallière n'a-t-elle pas dit : « *Vouloir oublier quelqu'un c'est y penser.* »

Pour se détacher de Diane, René s'efforçait de mettre entre elle et lui son ennemi Adolphe Ducharme, en se disant : « Il est impossible que j'aime la sœur de cet homme ! »

Mais l'amour aime l'impossible. Ce soir-là, se voyant si près de Diane Ducharme, il se décida à lui parler, se disant pour s'excuser : « Ce n'est pas ma faute si elle passe si près de moi ! » ne voulant pas s'avouer que c'était lui qui avait voulu passer près d'elle.

Il la salua de l'air du monde le plus dégagé, pour cacher son émotion.

— Madame, lui dit-il en souriant, nous nous

sommes si bien oubliés que nous ne nous reconnaissons plus, n'est-ce pas ?

Diane tourna la tête et regarda René par-dessus l'épaule.

— Vous avez raison, monsieur, c'est du plus loin qu'il m'en souvienne.

On eût dit d'une duchesse parlant au premier venu.

Le comte de Volnay se sentit froid au cœur.

— Et pourtant, reprit-il en s'humiliant jusqu'à la lâcheté — tant l'amour le rejetait aux pieds de cette fille qu'il avait perdue ; — et pourtant, vous étiez bien, il y a six mois, la plus charmante maîtresse du monde !

— Est-ce que j'ai été votre maîtresse ? reprit Diane avec une adorable candeur.

René voulut être impertinent à son tour.

— Je ne sais pas si vous avez été ma maîtresse ; mais je sais que j'ai été votre amant — comme tout le monde — avant tout le monde.

Diane faillit se mordre les lèvres ; mais ce n'était jamais elle qu'elle mordait.

— Voilà une belle illusion ! dit-elle ; mon premier amant ? — Non, monsieur, vous n'avez pas été le premier et vous ne serez pas le dernier !

Là-dessus elle descendit trois marches ; René demeura au-dessus d'elle, n'osant pas la suivre.

— La coquine ! murmura-t-il.

Il aurait voulu tout à la fois tordre le cou à Diane et l'adorer.

La colère passa vite.

— Comme elle est belle ! reprit-il en la voyant rejoindre l'amoureux qui était allé chercher sa voiture.

René était pétrifié sur l'escalier comme sur un piédestal :

— Quand je pense que nous nous battons comme des héros, et qu'une drôlesse comme celle-là nous fait trembler parce que nous n'avons pas de cuirasse sur le cœur !

Et voyant Diane disparaître :

— Certes, je n'ai peur de rien ; mais j'ai peur de mon amour pour elle. Suis-je assez puni de l'avoir enlevée à sa mère !

Le comte de Volnay aurait donné tout au monde pour arracher de son âme l'image de Diane ; mais, je ne sais par quelle loi fatale, il était condamné à la garder en lui, tout ébloui de sa beauté, tout empoisonné de sa haine.

XVIII.

QUE DANTE A FAIT L'ENFER TROP DOUX.

> Savez-vous mon rêve dans le paradis ? disait la chanoinesse rousse. Ce serait d'être emportée dans l'enfer par mon amant, comme Francesca di Rimini.
>
> VIOLETTE.

Dante n'a pas fait son enfer assez noir pour les luxurieux. Sa grande âme s'est apitoyée sur les misères de l'amour. Quand il représente Francesca di Rimini, mortellement frappée au cœur, elle emporte, avec je ne sais quel enivrement farouche, sa passion dans l'éternité.

C'est que Dante ne la sépare pas de son amant; elle souffrira toutes les tortures — mais elle souffrira avec lui : les maux les plus rudes sont adoucis de moitié quand on est deux.

Le jaloux qui poignarde du même coup celle qu'il aime et celui qui la lui prend, ne se venge pas avec tous les raffinements de la vengeance, puisqu'il couche en même temps au tombeau les deux amants.

Quelque noire que soit la nuit du tombeau, ils se retrouveront, ils se reverront, ils s'aimeront encore. La vraie vengeance c'est de n'en frapper qu'un.

C'est de les séparer par la vie et par la mort.

Mais le vrai martyre de la passion n'est pas là : les grands déchirements du cœur viennent d'un amour trahi ou d'un amour dédaigné.

C'est au cinquième chant de l'amour que Dante, descendant du premier cercle dans le second, commença à entendre ces voix plaintives qui éclatent en sanglots au souvenir des voluptés perdues :

« Je parvins dans un lieu muet de toute lumière
« qui mugit comme la mer sous la tempête
« quand elle est battue par les vents; l'ouragan
« infernal, qui jamais ne s'arrête, entraîne les es-
« prits dans son tourbillon, les roulant et les frap-
« pant sans merci.

« Lorsqu'ils arrivent au bord du précipice, ce
« ne sont que cris et lamentations. Ils blasphè-
« ment la vertu divine. Je reconnus les péchés
« charnels qui ont subi les morsures du désir.

« Comme, dans les temps froids, les étourneaux
« sont emportés par leurs ailes en troupe nom-
« breuse, ainsi la rafale emporte les pécheurs.

« De çà et de là, en haut, en bas, le vent se
« joue d'eux, sans trêve comme sans consolation
« dans leur désespoir.

« Les grues vont chantant leur lai voyageant
« dans l'air, sans savoir leur chemin : ainsi vont,
« traînant leur plainte, les ombres emportées par
« la tourmente. »

Et le poëte, touché dans son cœur, cherche à reconnaître les amoureux célèbres.

C'est alors que Francesca di Rimini et son amant passèrent devant lui « légers » comme les nuages.

« Ames désolées, venez me parler comme des
« colombes, appelées par le désir, ailes ouvertes
« volant à leur doux nid, dans le bleu du ciel,
« portées par un seul vouloir. »

Ainsi ces deux âmes vinrent à l'appel du Dante.

« Nous avons teint le monde de sang; ce que
« tu veux entendre, nous te le dirons.

« L'amour, qui se prend si vite au noble
« cœur, nous a perdus tous les deux, lui et moi.

« L'amour, qui ne fait grâce d'aimer à nul être
« aimé, m'enivra si violemment du bonheur de
« mon ami, qu'il ne put pas m'abandonner,
« puisque cet amour nous a conduits à la même
« mort. »

Et Francesca, reprenant son gracieux sourire d'amante adorée, expliqua à Dante comment le jaloux seigneur di Rimini, son difforme époux, irait dans le cercle de Caïn sans pouvoir empêcher son jeune frère, le beau Sanciato, d'être toujours avec elle.

Qu'est-ce que souffrir ensemble en face d'une âme qui souffre seule ?

. . . .

Par une fatalité étrange, on vit en même temps Adolphe Ducharme, ses deux sœurs, le comte de Volnay, Angéline Duportail, frappés de cet horrible chagrin de l'amour dédaigné et de l'amour trahi.

Adolphe Ducharme aima malgré lui Blanche de Volnay; il vit l'abîme entre elle et lui.

C'était la punition de sa vie.

A l'heure où la Commune fuyait sous ses pieds, il lui eût été doux de se reprendre à la vie; mais son amour impossible pour Mlle de Volnay ne fit que l'arracher à ses dernières illusions pour Angéline Duportail.

Il croyait qu'il l'aimait encore ; mais quand il la revit, il sentit que Blanche de Volnay avait jeté son ombre sur cette figure.

Et il arriva ceci : c'est que la ci-devant baronne, qui ne l'avait jusque-là aimé qu'à l'aventure « à fleur de peau, » devint éperdument amoureuse de lui, dès qu'elle sentit qu'il lui échappait.

Elle s'attacha avec fureur à ce rêve perdu ; mais elle vit bien qu'elle s'acharnait à ranimer un feu éteint.

. . . .

Marguerite Ducharme, la pauvre Marguerite, avait été frappée du même mal et du même désespoir ; le capitaine Henryet lui avait trop fait sentir qu'il se sacrifiait à sa parole pour qu'elle acceptât le sacrifice.

La pauvre fille devait porter la peine de toute la famille ; mais elle s'était tournée vers Dieu — Dieu qui console de tout !

. . . .

Diane Ducharme aurait pu croire que sa gaieté et son insouciance l'abritaient contre un chagrin survenu; mais elle même fut frappée au cœur par la passion.

Quand Georges Henryet lui échappa au moment même où elle le croyait saisir, quand on lui dit qu'il allait épouser cette jeune veuve étrangère que le hasard avait jetée sur son chemin, elle pleura amèrement et dit qu'elle ne se consolerait jamais.

Jusque-là elle avait fait de l'amour un jeu et de la vie un amusement; mais elle fut forcée de reconnaître que la vie n'amusait pas toujours et qu'il ne fallait pas jouer avec l'amour.

. . . .

Le comte de Volnay, lui aussi, fut puni par la passion.

Il avait été fier d'abord d'avoir triomphé de Diane Ducharme. C'était une jolie conquête, bien digne d'être contée à tous les échos d'alentour, aux amis du club, aux camarades du sport.

Alors il n'aimait pas Diane. Ce n'était pour lui que la gaie aventure et la galante équipée d'un homme à bonnes fortunes.

Tant que Diane ne fut qu'à lui, ce fut à peine s'il désira la garder.

Plus d'une fois il avait été sur le point de la

renvoyer à sa mère. Mais dès qu'elle fut à un autre, la jalousie lui monta au cœur et aviva sa passion. Il ne l'avait guère aimée que comme un objet d'art, il l'aima avec désespoir — parce qu'il sentit qu'après le drame de l'Élysée il ne pouvait plus la reconquérir ni à prix d'or ni à prix d'amour.

Plus René voulait oublier Diane et plus elle s'imposait à lui.

Et plus il voyait l'impossible, plus il se mettait dans l'impossible.

Tous étaient punis par l'amour.

. . . .

Et Blanche de Volnay?

Celle-là n'a pas dit son secret.

Vainement son amie Symiane posa-t-elle cent fois devant son cœur des points d'interrogation.

La jeune fille ne se démasqua pas.

Il aurait fallu consulter les grands arbres du jardin de Symiane, où elle égarait ses rêveries ; il aurait fallu consulter les roses qu'elle effeuillait et qu'elle jetait au vent ; il aurait fallu consulter les pages des romans où elle avait épanché son âme.

Le mal d'aimer ne s'était sans doute pas abattu sur elle comme sur les autres. D'où vient cependant qu'elle avait des pâleurs soudaines quand on parlait devant elle d'Adolphe Ducharme? Était-ce le souvenir du souper de l'Élysée? était-ce l'indignation d'y avoir joué un rôle malgré elle? était-ce le trouble d'un cœur qui n'est pas maître de soi?

. . . .

XIX.

POURQUOI BLANCHE DE VOLNAY REFUSE SA MAIN A EUGÈNE HENRYET.

> J'aimerais celui-ci si je n'avais pas rencontré celui-là.
> *Chanson mauresque.*

Un matin Eugène Henryet se présenta à l'hôtel de l'avenue d'Iéna en compagnie du comte de Volnay et de son cousin Georges Henryet qui était marié depuis quinze jours.

Il venait demander la main de Blanche de Volnay.

Ce fut le nouveau marié qui porta la parole.

— Mon cousin Eugène Henryet vous aime, mademoiselle, devenez sa femme, vous serez bien heureuse avec lui.

Blanche de Volnay regarda Georges Henryet d'un air de doute.

— Monsieur, lui dit-elle, j'ai beaucoup de sympathie pour votre cousin, mais je refuse pour deux raisons : la première, c'est qu'il ne m'aime pas ; la seconde c'est que je ne veux pas me marier.

Ce fut en vain que René de Volnay, qui était survenu, prit la parole pour le commandant. Il eut beau chanter ses louanges sur toute la gamme conjugale, il ne triompha pas du refus de sa sœur : elle répéta une seconde fois qu'elle ne voulait pas se marier.

— D'ailleurs, ajouta-t-elle, le commandant a trop aimé Marguerite Ducharme pour ne pas l'aimer encore.

René de Volnay qui était l'homme du monde le plus impatient et le plus colère frappa du pied et s'écria :

— Ces Ducharme, ils ne sont venus au monde que pour notre malheur.

On fit signe au commandant qui était dans le salon voisin de venir plaider sa cause auprès de Blanche de Volnay.

Elle lui fut très-bonne, mais il perdit sa cause.

— Eh bien, dit-il après un soupir en se retournant vers son cousin et son ami, mon parti est pris : je pars pour Versailles pour accepter un commandement en Océanie.

— En Océanie ! s'écria Blanche involontairement.

Il semblait que ce pays fût cher à son âme.

Un peu plus, elle disait à Eugène Henryet :

— Eh bien, oui, je serai votre femme, mais nous irons en Océanie.

— Pauvre fille ! murmura Symiane qui était survenue.

XX.

LA VEILLE DE L'EXIL.

> Ah! ceux qui partent sont plus heureux que ceux qui restent — même ceux qui partent pour l'exil — même ceux qui partent pour la mort.
> VIOLETTE.

Angéline Duportail mit tout en œuvre pour empêcher que son amant ne fût fusillé.

Elle avait de hautes relations parmi les chefs du gouvernement du 4 Septembre; elle connaissait de très-près un célèbre général qui avait ses grandes et petites entrées chez M. Thiers; bien mieux, elle avait rencontré dans le demi-monde, un jour qu'il s'égarait par là, un membre de la Commission des grâces.

Quand Mme Ducharme demanda elle-même la grâce de son fils, la justice était moins sévère, parce qu'elle avait écouté toutes les prières d'Angéline Duportail et de ses amis politiques.

La peine de mort prononcée contre Adolphe Ducharme fut commuée en la peine de la déportation dans une enceinte fortifiée.

Angéline Duportail résolut de tout tenter pour partir avec lui.

Comme il avait deux sœurs, elle hasarda un pieux mensonge à la prison de la Prévôté.

— Je suis la sœur de l'ex-colonel Ducharme, dit-elle au directeur ; faites-moi la grâce de me permettre une entrevue de quelques minutes.

Adolphe Ducharme devait partir quelques jours après. Le directeur ne fit pas de difficultés pour introduire Angéline dans la cellule de Cœur-de-Lion.

Angéline avait d'ailleurs une figure qui était une lettre de recommandation, surtout quand elle s'efforçait d'adoucir sa figure, déjà si pénétrante par son expression amoureuse.

Elle espérait que le directeur la laisserait seule avec son amant, mais il voulut rester témoin de l'entrevue.

Elle ne s'en jeta pas moins dans les bras de Cœur-de-Lion.

— Tu sais que je pars avec toi ! lui dit-elle pour la première parole.

— C'est impossible, répondit Adolphe Ducharme avec quelque froideur. C'est une consolation qu'on ne nous permet pas — partir avec une femme ou une sœur !

— J'irai me jeter aux pieds du capitaine de vaisseau.

— Prières perdues. Je ne sais pas encore où j'irai ; mais, sur le navire qui nous emportera, il n'y aura pas de femmes. Pourquoi, d'ailleurs, me suivrais-tu ? Tu n'es pas de force à supporter ces traverses et ces traversées.

— Je te dis que je veux te suivre.

— Tu feras bien mieux de m'attendre, on nous fera grâce bientôt, soit que la République marche en avant, soit qu'on la jette à bas. Et puis je pars sans argent, je ne veux pas te condamner à vivre là-bas comme une mercenaire.

Angéline Duportail regarda fixement Adolphe Ducharme.

— Je comprends, lui dit-elle à voix basse, pour n'être pas entendue du directeur de la prison. Tu ne m'aimes plus, je l'avais oublié.

— C'est parce que je t'aime, que je ne veux pas un tel sacrifice.

Le directeur avertit les anciens amants qu'il

ne pouvait leur permettre de se voir plus longtemps.

Ils s'embrassèrent avec une vive secousse du cœur.

— Adieu, dit Cœur-de-Lion, ne me désarme pas de mon courage.

Il lui recommanda d'embrasser Thermidor, car il savait qu'elle avait recueilli son chien.

— Je ne pourrai jamais vivre sans toi, lui dit-elle.

Ce furent les derniers mots.

— C'est égal, dit Angéline Duportail au directeur quand elle se fut éloignée de son amant, j'irai le rejoindre à Noumea si on ne me permet pas de partir avec lui.

— Toutes ces dames disent cela, remarqua le directeur, mais au dernier moment elles ont toutes peur du mal de mer.

Angéline Duportail fut avertie du départ d'Adolphe Ducharme pour la Nouvelle-Calédonie. Il devait partir le lendemain pour faire le voyage à Toulon en compagnie de quelques chefs communeux.

L'Amazone de la Commune se décida aussitôt à prendre les devants. Elle résolut de partir avec Thermidor.

Comme depuis quelque temps elle ne voyait plus Diane que de loin en loin, elle courut chez elle pour lui apprendre le départ de son frère.

— Voulez-vous venir avec moi à Marseille pour le voir encore ?

— Non, dit Diane, si j'allais à Marseille, je ne m'arrêterais pas là.

Elle voulut que l'Amazone prît un billet de mille francs pour le donner à son frère.

— Ne lui dites pas que c'est de moi, dites-lui que c'est de maman.

Angéline se contenta donc de Thermidor pour compagnon de voyage.

Quand elle avait été sauvée miraculeusement de la fusillade sous les yeux de la duchesse de Parisis, elle avait juré à Dieu que si elle survivait ce serait pour faire son salut.

Mais elle avait fait trop de serments pour ne pas toujours les trahir.

Tant qu'elle s'était trouvée dans la bonne atmosphère de Violette, en compagnie de la sœur de charité, elle avait senti la fièvre du cœur s'apaiser en elle ; elle avait eu des aspirations vers le ciel, qui est l'horizon de toute âme d'élite.

A la prison de Versailles, elle avait tenu bon

dans ses nouveaux principes, ne voulant pas tremper la lèvre aux coupes empoisonnées, n'ayant plus soif que de rédemption. Mais dès que, par le stratagème de Carnaval, elle fut délivrée et rejetée dans la vie, elle se reprit aux mauvaises passions.

C'était la plus oublieuse des oublieuses.

Aussi quand elle se reprochait à elle-même de ne pouvoir résister aux tentations, elle disait :

— Je suis le jouet de la fatalité. J'ai reçu deux coups de fusil, l'un à l'oreille, l'autre à l'épaule. Pourquoi n'en ai-je pas reçu un en plein cœur ! tout serait fini, je n'aurais plus à lutter.

Car elle luttait, en effet : sous sa métamorphose anglaise elle aurait pu faire plus d'une conquête sérieuse. Mais il faut le dire, quoiqu'elle sentît qu'Adolphe Ducharme lui échappait, elle était fidèle à son amour. Elle s'arrêtait aux premières coquetteries, renvoyant les nouveaux amoureux à une échéance lointaine.

Son dernier rêve, c'était donc d'aller vivre avec Adolphe Ducharme « dans une autre patrie. » Son imagination enthousiaste désirait toutes choses; elle s'imaginait volontiers que dans ce monde inconnu son cœur se réveillerait à des émotions nouvelles.

— Le bonheur, disait-elle, c'est un rêve ; s'il m'aime assez pour m'endormir là-bas, je serai heureuse.

Mais elle reprenait tristement :

— Il ne m'aime plus.

Le pauvre chien consolait un peu Angéline de tous ses chagrins ; elle pouvait lui parler d'Adolphe Ducharme ; il lui prouvait, par les flammes de ses yeux, par l'ardeur de ses bondissements, qu'il la comprenait dans ses angoisses.

XXI.

VIOLETTE.

> Vivre de ce qui fait mourir,
> mourir de ce qui fait vivre.
>
> Mlle Aïssé.

Mais avant de se mettre en route pour ce pèlerinage presque funéraire, Angéline Duportail qui n'avait osé se présenter devant la duchesse de Parisis, se décida à aller lui dire adieu.

Elle cherchait partout un cœur qui comprît ses angoisses ; elle était bien sûre que Violette, sympathique à toutes les douleurs, ne refuserait pas de la voir, quoiqu'elle eût trahi son serment de ne plus vivre que pour Dieu.

En effet, dès qu'on annonça — l'Amazone — la femme fusillée — chez la duchesse de Parisis : Violette vint à sa rencontre et lui saisit la main.

— Ah! dit la Duportail, si vous saviez comme j'ai souffert, vous me pardonneriez.

— Vous pardonner! qu'avez-vous donc fait de mal contre moi?

— Je vous avais juré de vivre pour Dieu.

— Souffrir : c'est prier.

On dit beaucoup de choses dans cette entrevue, on parla de tout, mais surtout d'Adolphe Ducharme; l'Amazone éclatait en sanglots, à l'idée de ne pouvoir partir avec lui pour Noumea.

Les passions meurent d'elles-mêmes, mais on ne peut pas les tuer.

Violette savait trop cela, pour vouloir apaiser le cœur d'Angéline.

— Il vous reviendra, dit-elle.

Et comme elle ne croyait pas qu'on pût avoir sans le mariage le lendemain du bonheur, elle poursuivit :

— Qui vous empêchera de vous marier?

— Le mariage, dit la ci-devant baronne, vous savez bien que cela ne réussit pas à ceux ni à celles qui ont trop aimé l'amour; c'est peut-être la Terre promise, mais on fait naufrage en voulant y aborder.

Violette était retombée dans sa mélancolie.

— Vous avez raison, dit-elle, on ne peut pas avoir du même coup l'enfer et le paradis.

Et, à son tour, elle ouvrit son cœur à Angéline.

Elle lui conta sommairement les phases les plus radieuses et les plus sombres de sa vie : comment elle avait aimé le duc de Parisis, les trahisons de son amant, comment elle s'était suicidée, son refuge aux Filles-Repenties, comment elle avait retrouvé le duc de Parisis, enfin toutes les catastrophes. Jamais Dieu n'avait frappé plus violemment une pauvre créature.

— A cette heure encore, dit-elle en finissant, ma seule consolation, c'est de pleurer.

— Moi, je n'ai plus de larmes, dit Angéline.

— Vous en retrouverez, et d'ailleurs pourquoi vous plaindre si haut, vous n'êtes pas séparée de votre amant par la mort, comme je le suis du duc de Parisis ; s'il n'y a pas d'amnistie, on vous permettra peut-être d'aller à Noumea.

— Non, j'ai tout tenté, il me faut me résigner à l'attendre ici, mais je veux lui dire adieu à Toulon.

La duchesse embrassa l'Amazone.

— Allez, lui dit-elle, si vous pouvez lui parler

dites-lui que Dieu seul console de tout, même de l'absence.

Mais quand Angéline Duportail se fut éloignée, la duchesse de Parisis éclata elle-même en sanglots.

— Non, dit-elle, Dieu ne console pas de tout, parce que l'amour espéré ne vaut pas l'amour perdu.

XXII.

LA FEMME ET LE CHIEN.

> Il ne me reste qu'un ami
> pour pleurer avec moi —
> plus qu'un ami — un chien.
>
> GÉRARD DE NERVAL.

Angéline Duportail arriva à Toulon deux jours avant l'ex-colonel.

A chaque train venant de Paris elle allait à la gare, espérant toujours le voir apparaître.

Enfin, elle le vit arriver un soir fier et abattu tout à la fois. Il la reconnut dans la foule et lui fit un doux signe des yeux et des lèvres; mais en même temps, il secoua la tête pour lui faire comprendre qu'il leur serait impossible de se parler.

En effet, elle eut beau mettre tout en jeu, l'éloquence de sa figure et l'éloquence de son cœur, elle ne put parvenir à violer la consigne.

On peindrait mal toute l'expression de son désespoir.

Thermidor pleurait avec elle.

A l'arrivée de son maître à la gare, il avait tenté de s'élancer après lui, mais Angéline l'avait tenu en laisse, de peur qu'il ne s'égarât.

Deux jours se passèrent : de mortelles heures de tristesse où elle ne mangeait pas, où elle ne dormait pas, où elle ne respirait pas.

Le surlendemain on lui dit à l'hôtel que le vaisseau qui emportait les communeux allait mettre à la voile.

— C'est donc fini ! dit-elle.

Et elle courut sur la jetée avec Thermidor.

Elle arriva une minute trop tard : la dernière des barques qui emmenait les communeux sur le navire était déjà à vingt brasses de la jetée.

C'était sur cette barque que se trouvaient l'ex-colonel, Carnaval et Fine-Champagne, toujours habillée en homme.

— Que n'ai-je fait comme Fine-Champagne ? dit Angéline avec regret.

Elle demanda une barque pour suivre celle d'Adolphe Ducharme, mais il n'y en avait pas.

— Ah ! quel malheur de n'être pas arrivée plus tôt ! dit-elle avec la rage de la douleur. J'aurais pu lui serrer la main.

Adolphe Ducharme s'éloigna bien vite.

— Adieu, adieu, adieu, lui cria-t-il en lui jetant une part de son âme.

Mais la barque avançait. A ces trois cris d'adieu le chien répondit par trois aboiements tout aussi expressifs.

Qui souffrait le plus, de l'homme, de la femme ou du chien ?

XXIII.

ÉLOGE DES CHIENS.

> Quiconque bat les chiens n'aime pas les hommes.
>
> Hume.

Celui qui ferait l'histoire des chiens pourrait intituler son livre : La Morale en action.

Chaque page serait remplie par les plus beaux traits d'héroïsme, de patience, de sentiment, de sacrifice.

Jamais le dévouement humain n'a été si loin dans l'humilité que le dévouement de ces pauvres bêtes si malmenées.

L'homme a été injuste pour le chien comme pour l'âne. C'est à peine si l'un mérite un coup de bâton, c'est à peine si l'autre mérite un coup de pied.

« Bête comme un âne. » Et tout est dit de cet animal malin.

« Il fait un temps à ne pas mettre un chien à la porte ! » Et voilà le chien classé comme le dernier des animaux, j'allais dire le dernier des hommes.

Quand Dieu, le jour du jugement, vous demandera compte des quatre-vingts années que vous avez passées sur la terre, serez-vous bien fiers de repasser le tableau de votre vie?

Voltaire, qui a vécu quatre-vingt-quatre ans, disait à sa dernière heure :

« J'ai fait un peu de bien : c'est mon meilleur ouvrage. »

Voltaire ne disait pas qu'il avait fait beaucoup de mal.

Combien d'autres auront fait beaucoup de mal sans avoir fait un peu de bien !

Si on juge l'homme de haut, on voit qu'il n'est pas beaucoup plus grand qu'un chien.

L'orgueilleux dit qu'il a le sentiment de la Divinité. Mais il y a un plus orgueilleux que lui qui se proclame Dieu lui-même, c'est-à-dire : athée.

Le chien meurt comme un chien, mais il ne meurt pas en offensant Dieu.

On peut tout reprocher à un homme. Que pouvez-vous reprocher à votre chien, sinon qu'il vous a happé une cuisse de poulet parce que vous le laissiez mourir de faim?

Vous êtes un mauvais maître qui ne payez pas les services rendus.

J'aime toutes les bêtes, depuis l'éléphant jusqu'au grillon, en passant par le lion, le cheval, l'âne, le chat et le chien.

Mais le chien surtout amuse mon esprit parce qu'il l'étonne.

A la chasse, le chasseur vaut-il mieux que le chien? J'en sais plus d'un, beaucoup plus bête que le chien, qui ne rapporte de gibier que parce qu'il a un chien.

Vous dites hardiment que si le chien suit le gibier, le découvre, avertit son maître, rapporte le lièvre ou le perdreau qui tombe sous le coup de fusil, vous dites que c'est par instinct.

Mais si le chien n'avait que de l'instinct, il mangerait le gibier.

Vous répliquez qu'il aurait trop peur d'être battu. S'il a peur d'être battu, c'est qu'il réfléchit, c'est qu'il domine sa passion, c'est que sa bonté pour son maître l'entraîne plus que sa gourmandise.

Et le chien sérieux de la maison?

Connaissez-vous un serviteur plus dévoué, plus fidèle et plus mal payé?

Il a si peu de sourires et si peu de caresses ; il a le grand art de ne se montrer qu'aux heures de distraction. Si vous travaillez, il dort, mais il veille en dormant; il vous avertit de tous les dangers; il a même le pressentiment de la mort des vôtres.

Je ne parle pas du chien du cirque ; tous les tours qu'il fait ne me le montrent pas encore aussi savant que le chien de berger.

Et le chien de l'aveugle ?

Connaissez-vous dans toute l'armée française un homme qui sache mieux la géographie?

Et le chien des pauvres gens ?

Quel dévouement ! Il pourrait changer de porte, vivre dans le luxe et dans l'orgie; mais il s'est acoquiné, il ne veut pas déchirer le contrat de la fidélité : il aime mieux vivre de peu, vivre de rien. Il sent que la vie déjà si triste des pauvres diables qui l'ont recueilli, serait plus désolée encore s'il fuyait ce seuil de malheur; il a compris le sacrifice jusqu'au bout.

On a inventé, il est vrai, un chien qui ferait

croire à la décadence de l'espèce canine : c'est le chien-enseigne des femmes à la mode.

Celui-là, je ne veux le regarder que comme un chien de faïence.

Thermidor n'était pas de cette famille de chiens. Vous allez voir comment il comprenait la bravoure et le dévouement.

Thermidor ne doutait pas que l'Amazone ne prît une barque comme tant d'autres pour aller rejoindre son maître à lui et à elle.

Aussi, quoique sa bonne figure de chien exprimât l'inquiétude, la joie transperçait.

Il jappait, il bondissait, il aboyait. Chaque barque qui se détachait de la jetée sollicitait ses regards. Il se dressait devant l'Amazone, il lui disait par ses cris éloquents qu'il fallait l'embarquer aussi.

Angéline, silencieuse et sombre, ne répondait pas.

A peine si de temps en temps elle le touchait de la main pour le calmer.

Elle ne détachait pas ses yeux du navire.

Adolphe Ducharme la voyait-il toujours ? Elle ne le voyait plus.

Beaucoup de prisonniers étaient groupés sur

l'arrière-pont; beaucoup agitaient leur mouchoir et leur chapeau. Mais Cœur-de-Lion était-il encore de ceux-là?

Pourquoi en douter?

La Duportail agitait elle-même son mouchoir baigné de larmes.

XXIV.

LA VOYANTE.

> A force de chercher dans le ciel,
> vous trouverez la seconde vue.
> SWEDENBORG.

Quoique toute à son chagrin, quoique étrangère à ce qui se passait autour d'elle, Angéline Duportail remarqua, parmi les curieuses de la jetée, cette femme qu'on avait vue, pendant le siége de Paris et pendant la Commune, toujours vêtue de blanc ou de noir.

Cette Voyante, qui faisait le signe de la croix devant tous ceux ou toutes celles qu'elle voyait marqués du sceau de la mort.

— La Voyante! dit l'Amazone; que peut-elle faire ici?

Elle s'approcha d'elle.

— Vous à Toulon ! lui dit-elle.

— Je suis sur mon chemin, répondit la Voyante, puisque je vais à Rome.

— A Rome ! Que pouvez-vous aller faire à Rome ?

— J'ai vu saint Pierre en songe; il m'a dit que pour arriver à son paradis, il me fallait passer par son Église.

En parlant, la Voyante avait regardé Angéline.

Elle se détourna pour faire le signe de la croix.

La maîtresse d'Adolphe Ducharme ressentit au cœur le froid de la mort.

— Pourquoi faites-vous le signe de la croix ? demanda-t-elle à la Voyante.

— C'est pour vous préserver du démon.

— On m'a toujours dit que vous portiez malheur et que votre signe de croix c'était le signe de la mort.

La Voyante gardait le silence ; mais Angéline l'interrogeait des yeux.

— Que voulez-vous ? lui répondit-elle, chacun obéit à sa destinée. Les magnétiseurs et les spirites m'ont détachée de ce monde. J'habite déjà là-haut.

La Voyante montra le ciel.

— C'est décidément une folle ! dit la Duportail en se détournant. C'est égal, elle ne se trompe pas, je suis marquée pour mourir.

Angéline revint vers la Voyante.

Il y avait longtemps qu'elle ne savait plus si elle croyait à Dieu.

Quand on vit loin de l'Église, quand on raille avec les athées, quand on ferme la porte à sa conscience, on s'enfonce de plus en plus dans le néant, avec les mauvaises passions pour guides nocturnes.

Angéline Duportail jouait à l'esprit fort.

Elle interpella la Voyante.

— Dites-moi, la femme noire ? Et ce chien, est-ce qu'il est aussi marqué pour la mort ?

La Voyante passa la main sur la tête de Thermidor.

— Pauvre bête ! dit-elle d'une voix émue.

— Comment, lui aussi ?

— Peut-être.

L'Amazone ne s'arrêta pas devant un blasphème.

— Pourquoi ne faites-vous pas pour lui le signe de la croix ?

La Voyante regarda Angéline silencieusement.

— Pourquoi ? Vous le savez bien.

Thermidor regarda la Voyante avec les inexprimables caresses de ses yeux de flamme : — les plus beaux yeux de chien qui fussent au monde.

— Après tout, dit la femme en noir, ce chien a aussi une âme, mais ce chien n'a pas péché comme nous. Voilà pourquoi le Seigneur n'a souffert que pour sauver les hommes. Voyez-vous, madame, il n'y a que l'homme et la femme qui soient de mauvaises bêtes.

Et la Voyante s'éloigna en se signant.

— Cette femme a raison, murmura tristement Angéline.

. . . .

Près d'une heure se passa dans les anxiétés de l'adieu, dans les douleurs de la séparation sans doute éternelle. Au cimetière, le moment est terrible et suprême quand la terre prend le mort aimé. La mer n'est pas moins fatale quand elle emporte dans ses vagues pour un exil perpétuel celui qui a toutes ses racines dans notre cœur. C'est le déchirement des déchirements.

Devant la mer la douleur est plus près encore de l'infini : elle déploie des ailes grandes comme le monde.

Combien de fois l'Amazone n'eut-elle pas l'idée de se laisser tomber dans les vagues — ou plutôt d'aller en pleine mer et de se précipiter dans l'abîme !

Voilà ce que veut l'âme dans les heures de crise; mais l'horreur de l'inconnu vous rejette dans les bras de la vie. L'âme n'est pas maîtresse du corps, elle qui sent que Dieu est au bout;. le corps, qui sent son néant, résiste et triomphe.

C'est pourquoi Angéline Duportail, qui ne voyait plus que le deuil pour elle en ce monde, qui ne croyait pas renaître à d'autres passions, qui n'espérait plus rien de sa jeunesse, ne voulut pourtant pas mourir. Si on lui eût permis de suivre Adolphe Ducharme et que la mort fût venue pour lui comme pour elle dans quelque tempête, elle l'eût saluée avec reconnaissance.

Mais mourir seule, elle n'en avait pas le courage.

Un poëte a dit : « Plus on doit être pleuré, plus on meurt bien. »

L'Amazone ne devait pas être pleurée.

Elle aimait mieux se pleurer elle-même que de mourir.

XXV.

LE BON VENT POUR NOUMEA.

> Qui sait si ce n'est pas la Terre promise !
>
> LAMARTINE.

La cloche se fit entendre : c'était le dernier signal du départ.

Un matelot dit à Angéline Duportail que si elle voulait voir le vaisseau de plus près et plus longtemps, il la conduirait à quelque distance de là.

Elle y consentit d'autant plus volontiers, qu'elle se trouvait en spectacle et qu'elle n'osait s'abandonner à sa douleur quoiqu'elle eût depuis longtemps l'habitude de tout braver.

Je me trompe, elle était redevenue femme sous la douleur.

Elle se hâta donc d'aller au promontoire indiqué.

On connaît la rade de Toulon. Les trois ports militaires et le bagne sont situés au fond de la rade. Pour sortir du port, il faut que les vaisseaux, s'ils se dirigent vers l'ouest, doublent l'espèce de langue de terre aux contours d'échiquier qui défend la rade des coups de vent et des coups de mer. A la sortie du goulet, surplombant la mer, se trouve le village de la Seyne, où les amis et les parents vont souvent voir passer, à quelques pieds au-dessous d'eux, les navires et les soldats partant pour quelque lointaine expédition. Au sud de cette langue de terre est le cap Sicié, d'où l'œil peut suivre jusqu'au large les navires qui s'éloignent.

L'Amazone arriva pour voir passer le vaisseau qui emportait son amant.

En effet, la Duportail se retrouva très-près du navire.

Cette fois, elle reconnut distinctement Adolphe Ducharme qui levait la tête et agitait les bras.

Il était demeuré sur l'arrière-pont. Il n'avait pas pensé que sa maîtresse viendrait là pour le voir encore.

Ce fut Fine-Champagne qui l'avertit la première ; car, depuis qu'il avait perdu de vue le groupe de la jetée, il s'était replié en lui-même, penchant la tête et ne voyant que les images du passé.

Il lui semblait qu'il fuyait sa vie, qu'il fuyait son cœur, qu'il fuyait son âme. Le vaisseau n'emportait qu'un corps inerte.

— On dirait que nous allons à notre enterrement, lui dit Carnaval, mais c'est égal on nous paye un enterrement de première classe.

— Tu as raison, lui répondit Adolphe Ducharme, c'est un enterrement, puisque nous laissons derrière nous la patrie et la famille.

— Pour ce qui est de la famille, reprit Carnaval, j'en fais bon marché, puisque je n'ai ni père ni mère ; mais enfin il est encore temps d'avoir des enfants, si Mlle Fine - Champagne veut bien le permettre. — Chut! n'allons pas trahir le mystère.

— Je ne sais pas, dit Fine-Champagne, si je permettrai quelque chose. S'il y a là-bas une église, nous verrons.

Et Fine-Champagne montra le ciel.

Ce fut à ce moment qu'elle vit se dessiner au-dessus du navire la grande figure d'Angéline Duportail qui dominait le petit promontoire.

— C'est l'Amazone, dit-elle en prenant la main d'Adolphe Ducharme qui était retombé dans ses rêveries.

Pour lui ce fut une vision, il tendit les bras comme s'il allait une fois encore appuyer cette femme sur son cœur.

Elle-même agita les bras.

Derniers embrassements ! mais c'était l'étreinte dans le vide.

Thermidor lui-même avait reconnu son maître. Aussi s'aventura-t-il de quelques brasses dans les vagues.

Angéline l'appela, il revint. Comme si son devoir l'emportait sur les élans de son cœur.

— Mon pauvre Thermidor, lui dit-elle en passant la main sur la tête ruisselante du chien, tu l'as reconnu ton maître, oui c'est lui, mais nous ne le verrons plus.

Thermidor fut un instant immobile, regardant le navire et regardant l'Amazone. Il ne savait quel parti prendre. Ses pattes brûlaient sur le rocher. Il voulait s'élancer encore.

— Non ! non ! s'écria la Duportail, tu resteras avec moi, nous pleurerons ensemble.

Mais le chien regardait toujours le navire, mais

le chien ne voulait pas se soumettre à l'idée de ne plus revoir Cœur-de-Lion.

Tout d'un coup, quoique toujours caressé par la main et par la parole d'Angéline Duportail, Thermidor, n'écoutant plus que son cœur, s'élança en pleine mer et nagea à perdre haleine à travers les grandes vagues.

Ce fut en vain que l'Amazone l'appela : il ne voulait pas retourner la tête comme s'il craignait de se laisser reprendre à cette autre amitié.

Thermidor n'avait aimé de sa vie qu'un homme et une femme : Cœur-de-Lion et sa maîtresse.

Quand Cœur-de-Lion n'était pas là, il était tout à la Duportail, mais quand l'homme reparaissait la femme était sacrifiée.

Tout en gagnant la pleine mer, le vaisseau se rapprochait du promontoire, si bien qu'à un certain moment Angéline Duportail et Adolphe Ducharme ne furent pas plus éloignés l'un de l'autre que de l'obélisque au pont de la Concorde.

A ce moment, le chien était à mi-chemin ; les forces commençaient à lui manquer, mais son courage dépassa ses forces.

Bientôt Cœur-de-Lion reconnut son chien dans les vagues.

— O mon Dieu ! s'écria-t-il avec effroi et avec douleur, mon chien va se noyer !

Il dit à un matelot qu'il le suppliait de le conduire devant le capitaine.

Le matelot alla vers le capitaine; mais le capitaine répondit :

— Tout à l'heure.

Tout à l'heure, c'était l'éternité pour Thermidor.

Quand le matelot revint seul, Cœur-de-Lion le supplia de retourner. Il lui montra son chien, qui s'approchait toujours.

— De grâce, lui dit-il, faites que mon chien soit sauvé, je donnerais tout au monde pour mon chien.

Le matelot leva l'épaule.

— Ces communeux, dit-il, ils ont voulu supprimer la famille, ils ont pillé, incendié, assassiné, mais ils ont des larmes pour leur chien.

XXVI.

LA BONNE BÊTE.

> Celui-là ne mourra pas comme un chien.
> **Sterne.**
>
> La mort est moins sombre que l'exil puisque la tombe n'est qu'une porte ouverte sur l'autre monde où tout le monde retrouve sa patrie.
> **Octave de Parisis.**

Cependant Thermidor battu par les vagues se soulevait pour voir son maître par un miracle d'héroïsme.

Cœur-de-Lion le regardait avec des larmes dans les yeux.

Il s'en fallut de peu qu'il ne se jetât à la mer. Mais outre qu'il ne savait pas nager, il ne voulait pas faire croire à une fuite.

Le cri de Thermidor vint jusqu'à lui.

Cette fois il se hasarda vers le capitaine, repoussant le matelot de garde.

— Capitaine, cria-t-il, sauvez mon chien.

Quoique le capitaine comprît toute l'amitié qui peut lier un homme à un chien, il avait bien autre chose à faire en cette première heure du départ.

Il regardait Cœur-de-Lion avec des yeux étonnés.

— Voyez donc, capitaine, mon chien est venu pour me dire adieu, il était retenu au rivage par une amie, le voilà en pleine mer, ne le voyez-vous pas là-bas qui nage en pleurant ?

— Que diable voulez-vous que j'y fasse ? dit le capitaine en jetant un regard attendri sur le chien. Je ne puis pas dire à un matelot d'aller le prendre à la nage. Je ne puis pas faire stopper le navire, pour envoyer une barque à sa rencontre.

— Si vous saviez, capitaine, quelle bête c'est là : ce n'est pas un chien, c'est un homme.

— Faites-lui signe de retourner au rivage.

On entendait au loin Angéline Duportail qui appelait Thermidor.

Adolphe Ducharme fit signe à son chien de s'en aller.

— Va-t'en ! va-t'en ! lui cria-t-il d'une voix de tonnerre un peu brisée par la douleur.

Thermidor comprit. Il se retourna soudainement vers le rivage.

L'Amazone agitait son mouchoir; il nagea vers elle.

Mais son amour pour son maître le reprit bientôt. Il regarda le vaisseau.

— Va-t'en, va-t'en, lui cria encore Cœur-de-Lion.

Le chien n'obéit ni à Adolphe Ducharme ni à sa maîtresse.

Il demeura comme suspendu entre lui et elle.

Puis, dans un effort désespéré, il s'élança vers le navire et l'atteignit bientôt, éperdu, les narines sanglantes, exténué, n'ayant plus que la force de soupirer un gémissement.

Il fut bientôt à trois ou quatre brasses du gouvernail, du côté opposé à son maître.

L'un des marins avait jeté une corde, un autre avait jeté un filet, comme des hommes qui ne savent plus ce qu'ils font.

— Eh bien! sauvons le chien, dit un marin. En route! il en vaut bien la peine. Le capitaine ne nous fera pas un crime d'avoir empêché une si brave bête d'être mangée par les poissons.

Mais, hélas, pendant qu'il parlait, pendant que

Cœur-de-Lion, retenu par deux autres prisonniers, voulait se précipiter à la rencontre de son chien, le pauvre Thermidor, ballotté par la vague, n'avait plus la force de suivre le navire.

Et quand il vit qu'il ne pourrait rejoindre son maître, il tenta une fois encore de retourner vers la Duportail.

Mais après avoir franchi quelques vagues, il tournoya et disparut.

Des deux côtés du navire et du rivage un cri partit.

C'était le dernier adieu à Thermidor.

Adolphe Ducharme et Angéline Duportail avaient tressailli du même coup à ce dernier adieu.

Ce n'était pas fini cependant.

Au moment où le vaisseau allait disparaître au tournant du promontoire, au moment où Cœur-de-Lion sentait le vieux monde fuir sous ses pieds, l'Amazone tombait agenouillée pour appeler Dieu à son secours — Dieu, le seul ami qui lui restât, —Thermidor reparut.

Il ne pouvait se résigner à la mort quand ses amis lui parlaient.

Mais où aller?

Aller à Angéline Duportail, c'était fuir Adolphe Ducharme. Et d'ailleurs les vagues, de plus en plus furieuses, avaient brisé la pauvre bête.

Thermidor eut beau vouloir reprendre son courage, il était vaincu.

Après un dernier regard là-bas sur son maître, ici sur sa maîtresse, il tournoya encore et redisparut.

Adolphe Ducharme et Angéline Duportail, tous les deux en même temps, pensèrent — lui, que la fatalité, — elle que Dieu — leur avait infligé, à l'heure suprême, cette punition imprévue.

Cœur-de-Lion avait senti que par Thermidor il resterait plus près d'Angéline.

C'était le dernier trait-d'union.

Angéline, tout en ne voulant pas être consolée, s'avouait qu'il lui serait toujours doux de caresser Thermidor.

C'en était fait.

Au moment où Thermidor disparaissait pour la seconde fois, le vaisseau disparaissait lui-même aux yeux de l'Amazone.

Elle était toujours agenouillée. Elle fit le signe de la croix et elle dit en regardant le ciel :

— Seule !

La Duportail se demanda si c'était bien son amant qui fuyait vers Noumea — si c'était bien elle qui pleurait sur un rocher.

Était-il possible que ces deux créatures, vivant de temps perdu, ne croyant à rien, n'ayant ni foi ni loi, se fussent laissé prendre dans le rouage des choses à une passion qui les jetait en un si tragique dénoûment?

Il vint à la Duportail une vision de sa vie passée. Elle se rappela qu'un soir, soupant en folle compagnie à la Maison d'or avec Adolphe Ducharme, un nuage tomba sur son front; elle eut peur du lendemain, elle vida sa coupe de vin de Champagne en s'écriant : « Je bois le poison de la vie. »

On s'était moqué d'elle. « Ne riez pas, avait-elle dit; tout finit tristement : vous verrez que lui et moi, qui jouons ici un opéra-bouffe, nous finirons mal, parce que nous sommes marqués par la fatalité. »

XXVII.

LE DERNIER ABIME.

> Elle avait creusé un abime dans sa vie, dans son cœur, dans son âme : le vertige la prit, elle tomba dans l'abîme.
>
> Octave de Parisis.

Angéline, toujours agenouillée sur le rocher, abandonnée de la terre et du ciel, répéta jusqu'à trois fois :

— Seule ! seule ! seule !

Et les flots semblaient lui répondre :

— Seule ! seule ! seule !

Elle se sentit si mal dans cet enfer de la solitude que tout à coup elle se précipita à la mer, n'écoutant plus que son désespoir.

Elle aimait mieux la mort sans l'amour, que l'amour sans amour.

Comme une folle, elle voulait courir sur les vagues, mais elle fut soudainemeut submergée.

La vague furieuse se jeta sur elle, comme elle s'était jetée sur la vague.

A plusieurs reprises on vit flotter la robe d'Angéline Duportail.

Elle ne tomba pas du premier coup dans l'abîme, parce qu'elle savait nager et que, sans le vouloir sans doute, elle tenta dans son égarement de s'avancer vers le navire qui emportait celui qu'elle avait le plus aimé.

Enfin l'abîme la prit comme Thermidor et l'entraîna non loin de la pauvre bête.

UN MOT.

25 mai 1872.

On avait pensé d'abord qu'après tant de jours d'incendie et de meurtre, il fallait que la nuit du tombeau renfermât toute cette horrible histoire. Un seul mot ne devait-il pas suffire ? ce mot eût été une épitaphe : *Ci-gît les crimes de la Commune!*

Mais, quoi qu'on fasse, l'histoire prend sa vie dans les tombeaux. Elle défie le silence, elle illumine la nuit. Rien de ce qui a été ne peut être anéanti. Pendant que l'âme de l'homme court par delà la mort et les mondes inconnus, l'esprit de l'homme — c'est là son premier enfer — reste ici-bas dans ses témoignages de crime ou de folie.

Combien d'ailleurs qui ont défié le lendemain en lui léguant les horreurs de leur vie ou de leurs actions comme Érostrate ! Combien qui ont cherché l'horrible célébrité dans la peur de l'inconnu ! Combien qui sont dénués de tout : ni esprit, ni cœur, ni caractère, ni vaillance, qui veulent, comme presque tous les hommes de la Commune, avoir non-seulement leur place au banquet — à l'orgie de la vie — mais encore leur page dans l'histoire, dût-elle être écrite avec du sang !

Il faut faire la part de la folie. Quelques-uns comme Félix Pyat, Gustave Courbet, Jules Vallès, étaient pourtant doués; on ne peut nier leur talent original. Félix Pyat datait du romantisme : il y avait pris sa hardiesse de touche et ses couleurs violentes; comme Victor Hugo il avait l'art de peindre, d'émouvoir, de frapper en écrivant. Jules Vallès avait l'art plébéien par excellence; il aimait le rouge, et, comme le taureau, il s'y jetait à coup de cornes; celui-là certes, sans foi politique, était de la Commune, où il paradait comme à la foire; mais il eût donné le premier un coup de sa tête de taureau dans le drapeau rouge. Même histoire pour Courbet. Lui aussi avait supprimé les dieux anciens; si l'art d'écrire commençait à Vallès, l'art de peindre ne devait dater que de Courbet. Il aimait le laid sous prétexte d'aimer la nature : s'il arrivait au beau c'était sans le vouloir. Sans les exemples de sang et de larmes de 1793, Delescluze eût été un journaliste passionné : il est devenu un journaliste de pillage et d'incendie. Gustave Flourens, sans l'insurrection de Crète, n'eût fait de révolution que dans la science.

Et les femmes ?

D'un coup de pied sur les jupes, il faut précipiter vers l'enfer des malédictions toutes les horribles créatures qui ont déshonoré la femme dans les saturnales et les impiétés de la Commune.

Pourquoi parler de ces femmes-là? pourquoi ne pas laisser tomber sur elles le silence et l'oubli? qui donc peut s'intéresser à ces passions qui ont emporté la femme plus loin que la femme? est-ce que les furies ne doivent pas être jetées dans le néant?

L'esprit humain veut tout voir et tout juger, sinon tout comprendre. Quel est celui qui n'a pas voulu, en compagnie de Dante, faire sa descente aux enfers? Shakespeare ne serait pas si rayonnant, s'il n'était pas si horrible.

Dans tous les temps, les monstres ont été du domaine de l'histoire et du roman.

On s'étonne et on s'indigne de s'intéresser à ces figures qui ont hanté le crime; c'est pourtant tout simple. On dit : « Malheur aux vaincus ! » Mais la charité chrétienne se penche douloureusement sur eux. Quand la mort a frappé le pécheur, qui donc ne se désarme devant la justice divine? La bouche qui a commencé par un anathème finit par une prière.

Quiconque les a vues, ces malheureuses femmes, déjà punies par ce long supplice du voyage à Versailles, par les outrages de la multitude, par les heures nocturnes de la prison, s'est pris de pitié pour elles et a pardonné à toutes les repenties, puisque celles-là étaient des égarées. Shakespeare eût dit : *As make the angels weep*. Oui, elles ont fait pleurer les anges dans le ciel.

Il faut laisser au démon les arrière-petites-filles des tricoteuses et des furies de guillotine ; mais il faut arracher de l'abîme toutes les pauvres femmes du fanatisme aveugle. Chamfort a dit : « L'homme fait la femme, et la femme refait l'homme. » Il a voulu être vrai et spirituel. Ne soyons que vrais; disons : « L'homme fait la femme, surtout aux jours révolutionnaires. C'est l'homme qui doit porter les fautes de la femme. »

On a remarqué que la femme qui trempait ses mains dans le sang et buvait à pleine bouteille était plus répulsive que son compagnon de crime et d'orgie. C'est que Dieu a doué la femme de plus beaux priviléges qu'il n'a fait pour l'homme ; c'est elle qui donne sa figure à tous les beaux symboles, à la Vertu, à la Grâce, à la Charité, à la Foi. Est-il un plus touchant tableau que celui de la Maternité, cet amour et ce sacrifice de toutes les heures ?

Voilà pourquoi, quand on voit la femme renier ses chastes destinées, on souffre et on s'indigne. Mais il ne faut pas oublier que la société n'accomplit pas toujours son devoir envers cette esclave à peine affranchie. Elle n'avait plus que Dieu ; on lui a dit : Dieu n'existe pas.

La religion, si elle ne donne pas la foi, imprime la loi dans l'âme ; c'est la dignité du pauvre, c'est l'humilité du riche. Hors de l'Église, il n'y a pas de salut social. Dans l'Église il y a la liberté, l'égalité et la fraternité.

Ne vous étonnez pas trop si la femme apparaît dans les révolutions. Ce n'est pas l'homme qui souffre, c'est la femme. Il lui sera beaucoup pardonné parce qu'elle a beaucoup souffert.

Supprimez la pauvreté pour la femme. Et en lui donnant sa part de tout convive, rendez-lui sa part du Paradis ; — sa part de la terre et sa part du ciel.

FIN.

TABLE DU TOME SECOND

LIVRE III

THERMIDOR A LA RECHERCHE DE CŒUR-DE-LION.

I.	Comment une insurgée se cachait sous l'habit d'une sœur de charité.	1
II.	La passion.	10
III.	Thermidor et Angéline.	28
IV.	Voyage à travers la mort	41
V.	Le Rocher-Suisse.	51
VI.	Où se dessine la silhouette de Fine-Champagne	64
VII.	Où Carnaval reparaît sur la scène	73
VIII.	Pourquoi Thermidor se sépare de l'homme anonyme.	84
IX.	Les tombeaux	91
X.	Les revenants.	100

XI.	*Le matin*.	105
XII.	*Le vertige*	108
XIII.	*Blanche de Volnay*	114
XIV.	*Deux femmes romanesques*.	117
XV.	*Comment Thermidor retrouve son maître*.	124

LIVRE IV

LES ABIMES.

I.	*La rose blanche*.	133
II.	*Diane Ducharme et Blanche de Volnay*	144
III.	*Comment Blanche de Volnay lisait dans le cœur de René*.	150
IV.	*Le duel de René de Volnay et d'Adolphe Ducharme*	154
V.	*La duchesse de Parisis*.	158
VI.	*Malheureux comme un chien*.	164
VII.	*De quelques figures originales*.	171
VIII.	*Menus propos de table*.	181
IX.	*Les revenants*	201
X.	*La course au clocher*.	210

	TABLE.	
XI.	Mascarade	215
XII.	La prise de voile	226
X	Comment Diane Ducharme pleura un lieutenant	235
XIV.	Le lendemain de l'amour	246
XV.	Adolphe Ducharme devant le conseil de guerre	256
XVI.	La vision du bonheur	270
XVII.	D'une galante rencontre	275
XVIII.	Que Dante a fait l'enfer trop doux	279
XIX.	Pourquoi Blanche de Volnay refuse sa main à Eugène Henryet	287
XX.	La veille de l'exil	290
XXI.	Violette	297
XXII.	La femme et le chien	301
XXIII.	Éloge des chiens	304
XXIV.	La Voyante	310
XXV.	Le bon vent pour Nouméa	315
XXVI.	La bonne bête	324
XXVII.	Le dernier abîme	329

FIN DE LA TABLE.

IMPRIMERIE TOINON ET Cⁱᵉ, A SAINT-GERMAIN.

ÉTUDES DE MOEURS PARISIENNES

(L'ouvrage complet est en vente)

Première série

LES GRANDES DAMES

Tome Ier. — *Monsieur Don Juan.*
Tome II. — *Madame Vénus.*
Tome III. — *Les Pécheresses blondes.*
Tome IV. — *Une Tragédie à Ems.*

10e édition. — 4 volumes in-8 cavalier, portraits gravés sur acier.
Prix : 20 francs.

Deuxième série

LES PARISIENNES

Tome Ier. — *La Femme qui frappe.*
Tome II. — *Mademoiselle Phryné.*
Tome III. — *Les Femmes adultères.*
Tome IV. — *Les Femmes déchues.*

9e édition. — 4 volumes in-8 cavalier, gravures sur acier.
Prix : 20 francs.

Troisième et dernière série

LES COURTISANES DU MONDE

Tome Ier. — *La Messaline blonde.*
Tome II. — *Les Aventures de Violette.*
Tome III. — *Les Femmes démasquées.*
Tome IV. — *Comment finissent les passions.*

4 volumes in-8 cavalier, gravures sur acier. Prix : 20 francs.

Imp. L. Toinon et Ce, à Saint-Germain.

www.ingramcontent.com/pod-product-compliance
Lightning Source LLC
Chambersburg PA
CBHW050746170426
43202CB00013B/2322